insel taschenbuch 4743
Annette Seemann
Goethes Orte in Weimar

Vom Haus am Frauenplan zum Theater, vom Palais Schardt zum Gartenhaus in den Park an der Ilm … So könnten Goethes Spaziergänge durch die Stadt ausgesehen haben, in die der junge Dichter 1775 aus Frankfurt kam. Und Weimar, die kleine Residenzstadt an der Ilm, wurde schon bald zu seiner Heimat. Seine Wege durch die Stadt, aber auch seine Ausflüge ins Umland, nach Ettersberg und Tiefurt, erzählen vom täglichen Leben des Dichters und erschließen zugleich ein Panorama seiner Zeit.

Der reich bebilderte Band, kenntnisreich geschrieben von Annette Seemann, folgt diesen Gängen und sucht die Orte auf, die Goethe besonders liebte und häufig besuchte.

Annette Seemann, geboren 1959 in Frankfurt am Main, lebt als freie Autorin und Übersetzerin in Weimar. Sie ist Vorsitzende des Fördervereins der Herzogin Anna Amalia Bibliothek.

Annette Seemann

# GOETHES
## ORTE IN WEIMAR

Mit Fotografien von Constantin Beyer

Insel Verlag

insel taschenbuch 4743
Originalausgabe
Erste Auflage 2019
© Insel Verlag Berlin 2019
Alle Rechte vorbehalten, insbesondere das der
Übersetzung, des öffentlichen Vortrags sowie der Übertragung
durch Rundfunk und Fernsehen, auch einzelner Teile.
Kein Teil des Werks darf in irgendeiner Form
(durch Fotografie, Mikrofilm oder andere Verfahren)
ohne schriftliche Genehmigung des Verlages reproduziert
oder unter Verwendung elektronischer Systeme verarbeitet,
vervielfältigt oder verbreitet werden.
Vertrieb durch den Suhrkamp Taschenbuch Verlag
Umschlaggestaltung: hißmann, heilmann, hamburg
Umschlagfoto: Constantin Beyer, Weimar
Satz: Satz-Offizin Hümmer GmbH, Waldbüttelbrunn
Druck: CPI – Ebner & Spiegel, Ulm
Printed in Germany
ISBN 978-3-458-36443-6

# INHALT

# VORWORT

Er kam aus Frankfurt, der stolzen freien Reichsstadt, mit 26 Jahren nach Weimar, einer kleinen Residenz in Mitteldeutschland. Frankfurt hatte damals etwa 32.000 Einwohner, Weimar gerade einmal 6.000. Wir schreiben November 1775.

Was für eine Veränderung! Was mag den Juristen und Autor dazu bewogen haben? Ein Jahr zuvor war er mit dem Roman *Die Leiden des jungen Werthers* zum Star der literarischen Szene aufgestiegen. Sogar in Frankreich und England wurde das deutsche Buch gelesen, ein bislang so nie dagewesenes Phänomen, galt doch Deutschland damals keineswegs als eine Kulturnation. Goethe sprach mit dem Werther offenbar allen jungen Menschen aus dem Herzen, und seine Geschichte hatte eine so starke Wirkung, dass sich zahlreiche Liebeskranke ganz wie Werther das Leben nahmen.

Diesen Mann holte sich der 18-jährige, gerade für volljährig erklärte Thronfolger von Sachsen-Weimar-Eisenach in seine Residenz. Was erhoffte er sich von ihm, abgesehen davon, dass er ihn zum Freund wählte? Die Freundschaft wurde von Goethe erwidert und das mag auch ein Grund dafür sein, dass der Dichter die kleine Residenzstadt schon nach kurzer Zeit in sein Herz schloss und nicht mehr nach Frankfurt zurückwollte.

Goethes Wege in Weimar nachzuverfolgen, die Orte in der kleinen Residenz, die er mochte und frequentierte, in

Text und Bild einzufangen und ihre damalige Bedeutung für Goethe und die Weimarer einzuschätzen, ist das Anliegen dieses Buchs, das die Leser zu einer Zeitreise in das 18. Jahrhundert einladen möchte und dabei Goethes Leben in Weimar zu erzählen versucht.

Das Buch versteht sich als Einladung, Goethes Wege nachzugehen, die in einer kleinen Stadt oft gar nicht weit sind, aber dennoch ins Weite führen können, denn Goethe genoss auf seinen Streifzügen auch die schöne Natur rundherum. Und daher schließen sich an die Lieblingsorte in der Stadt auch einige Ausflüge in die nähere Umgebung Weimars an, auf den Spuren von weiteren Lieblingsorten des Dichters.

# 1. DAS ERFURTER TOR

Er hatte sich von seiner Verlobten Lili getrennt, als er erkannte, dass er in der Bankiersfamilie Schönemann nur mit Argwohn betrachtet wurde: Zu wenig Reichtum brachte er mit. Aber er hatte auch selbst Fluchtbewegungen entwickelt, denn er begriff, dass die 16 Jahre alte Lili nicht nur schön und bestens auf die vornehme Welt vorbereitet, sondern sehr charakterstark war. Goethe nennt »vollkommene Dienstbarkeit« hinsichtlich seiner eigenen Rolle, und man spürt sein Unbehagen. Nachdem er mit den Brüdern Stolberg durch die Schweiz gereist war, empfand er die Verlobung als nicht mehr bindend. Er strebte nach Italien, landete aber – in Weimar.

Das Erfurter Tor, das jeder wählen musste, der von Westen die Stadt betrat, passierte der Dichter am Morgen des 7. November 1775. Dieses Tor, das heute nicht mehr existiert, gehörte zur mittelalterlichen Stadtbefestigung Weimars, die einst nur drei Tore aufwies. Es wurde »Neues Tor« oder »Erfurter Tor« genannt und war im Zuge der Verstärkung der Befestigungen erst im 14. Jahrhundert errichtet worden. Es war, wie auch das südliche Stadttor Weimars, stärker befestigt, nur über eine Brücke passierbar und präsentierte sich als ein von zwei Rundtürmen flankiertes Tor in der äußeren Stadtmauer. Daneben erhob sich ein mehrstöckiger viereckiger Turm auf der inneren Seite, der später als Gefängnis diente. Man muss es sich unter der Geleitstraße auf der Höhe der Böttchergasse vorstellen. Dies weiß man aufgrund von

Grabungen im Stadtraum hinter dem Lesemuseum, die 1999 vorgenommen wurden, während man den weiteren Verlauf der Stadtmauer vom Erfurter Tor bis zum Wittumspalais und zum Beginn der ehemaligen Esplanade, die erst unter der Herzogin Anna Amalia durch Niederlegung dieses Teils der Stadtmauer als Straße entstand, nicht kennt.

Was Goethe empfand, als er das Tor an diesem nebligen Novembermorgen durchfuhr, nachdem der Wagen des Kammerherrn von Kalb, der ihn begleitet hatte, visitiert und beim Herzog gemeldet wurde, ist unbekannt. Was er von Weimar wusste? Herzlich wenig, darf angenommen werden.

Er nimmt sicher rasch wahr, dass er in einer sehr kleinen Residenzstadt gelandet ist. Auch von dem Fürstentum, zu dem Weimar gehört, weiß der Dichter nicht viel, doch immerhin, dass Sachsen-Weimar-Eisenach zu einem Flickenteppich von 27 teils winzigkleinen thüringischen Fürstentümern und Herrschaften gehört.

Sehr schnell bemerkt er, dass das Leben in dieser Residenz noch sehr bäuerlich geprägt ist. Von Straßen kann man in dieser Stadt beim besten Willen nicht sprechen. Und die schwarze Ruine, die man schon von weitem sieht, war bis zum Mai des Jahres zuvor das Residenzschloss.

Was Goethe jedoch weiß, ist, dass auf den jungen Herzog ungeheure Aufgaben warten. Dass dieser ihn als einen Freund – und vielleicht mehr – braucht. So hat er viele Jahre später in *Dichtung und Wahrheit* dazu geschrieben: »Die durch den Schloßbrand gewirkten gräulichen Ruinen betrachtete man schon als Anlaß zu neuen Tätigkeiten. Das in Stocken gera-

tene Bergwerk zu Ilmenau, dem man durch kostspielige Unterhaltung des tiefen Stollens eine mögliche Wiederaufnahme zu sichern gewusst, die Akademie Jena, die hinter dem Zeitsinn einigermaßen zurückgeblieben und mit dem Verlust gerade sehr tüchtiger Lehrer bedroht war, wie so vieles andere, regte einen edlen Gemeinsinn auf. Man blickte nach Persönlichkeiten umher, die in dem aufstrebenden Deutschland so mannigfaches Gute zu fördern berufen sein könnten, und so zeigte sich durchaus eine frische Aussicht, wie eine kräftige und lebhafte Jugend sie nur wünschen konnte.«[1]

Tatsächlich war trotz der morgens und abends noch wie im Mittelalter verschlossenen Stadttore der Geist, der den Fürsten Carl August beherrschte, alles andere als mittelalterlich und begrenzt. Der Schüler des Philosophen und Schriftstellers Wieland war wie bereits seine Mutter mit den Schriften der Aufklärung groß geworden, und es war damals in Mode gekommen, dass die jungen Fürsten auf ihren Bildungsreisen nach klugen Köpfen mit originellen Ideen Ausschau hielten. So exerzierten es große, reiche Höfe vor, und Weimar war durch Anna Amalia längst ein Ort geworden, der sich einem aufgeklärten und toleranten Umgang des Adels mit dem Bürgertum verschrieben hatte: Originalität und Kreativität, dafür stand Goethe, und mit Männern wie ihm wollte sich Carl August umgeben.

---

1  J.W. Goethe, *Dichtung und Wahrheit*, Vierter Teil, 20. Buch, in: Ders., *Werke*, Hamburger Ausgabe in 14 Bänden, München 1981, Bd. 10, S. 174 f.

## 2. DER SÄCHSISCHE HOF

Der Vater des Kammerherrn von Kalb nimmt den jungen Dichter nach seiner Ankunft in Weimar bei sich auf, seine erste Wohnung ist also im Sächsischen Hof, heute unter der Adresse Eisfeld 12. Es gibt ihn noch: Er gehörte zu einer Reihe von »Herrenhöfen« rund um die Stadtkirche, darunter auch das Deutschritterhaus. Markant ist besonders der Giebel des auf den Platz hin – damals hieß er noch nicht Herderplatz, sondern »Töpfermarkt« – orientierten Gebäudes. Der Sächsische Hof war mehrteilig, zwischen Rittergasse und Eisfeld gelegen, und gehörte ursprünglich dem Deutschen Orden. Im 15. Jahrhundert ging er an die Gräfin Anna von Schwarzburg, daher der Name noch bei Goethes Ankunft und bis in das 19. Jahrhundert hinein: Schwarzburgischer Hof. Über die Jahrhunderte wurde das Ensemble ständig erweitert, bis 1945 Fliegerbomben den größten Teil des Hofs zerstörten. Das verbliebene Giebelhaus geht auf einen 1580 durchgeführten Umbau zurück. Der spätere Name »Sächsischer Hof« wurde dem als Gasthaus betriebenen Hof im Jahre 1809 gegeben, als der Mundkoch Anna Amalias, Le Goullon, sein Haus »Hôtel de Saxe« benannte. Nach dem Krieg 1870 / 71 wurde der Name eingedeutscht.

Wie aber kam es zu dem freundlichen Wohnungsangebot? Immerhin verbrachte Goethe hier viereinhalb Monate, vom 7. November bis zum 18. März 1776.

Johann August Alexander von Kalb hatte am Weimarer Hof als ältester Sohn des sachsen-weimarischen Geheimrats Carl Alexander von Kalb rasch Karriere gemacht. Der Herzog mochte und protegierte ihn, und das war damals fast das Wichtigste, wollte man im Staatsdienst aufsteigen. Von Kalb hatte schon früh eine Militärlaufbahn eingeschlagen und diente ab 1767 als Hauptmann in Sachsen-Weimar. 1768 wurde er Kammerjunker und Kammerassessor, 1772 dann Kammerrat bei dem Kammerkollegium, das sein Vater leitete. Die Kalbs waren eine machtorientierte Familie und nicht die einzige im damaligen Weimar, weshalb ein gewisses Kalkül bei der Annäherung an den jungen Dichter mitgespielt haben mag: Man musste danach streben, die Hausmacht zu stärken.

Von Kalb schreibt an Goethes Eltern in Frankfurt, um sie über dessen neue Position zu beruhigen. Er berichtet, dass der einzige Sohn ein überaus vertrauter Freund des Herzogs sei und alle braven Jungen ihn bis zur Schwärmerei liebten.

Ein Jahr später erklomm Kalb die höchste Stufe seiner Karriere, wurde Präsident des Kammerkollegiums, um 1782 von Carl August in Unehren, wegen Leichtfertigkeit und finanzieller Unkorrektheit, entlassen zu werden. Goethe, der Kalbs Stelle übernahm, urteilte in einem Brief an seinen »Urfreund Knebel« am 27. Juli 1782 mittlerweile so über ihn: »Daß Kalb weg ist, und daß auch diese Last auf mich fällt, hast du gehört. Jeden Tag, je tiefer ich in die Sachen eindringe seh ich wie notwendig dieser Schritt war. Als Geschäfts-

mann hat er sich mittelmäßig, als politischer Mensch schlecht und als Mensch abscheulich aufgeführt ...«[2]

Johann Alexander von Kalb und sein jüngerer Bruder Heinrich sollten übrigens zwei Schwestern heiraten, Eleonore und Charlotte Marschalk von Ostheim. Beide wurden sehr unglücklich in ihren Ehen. Charlotte war später weder mit Schiller noch mit Jean Paul ein dauerndes Glück beschieden, immerhin wurde ihr aber ein Platz in der Literatur- und Kulturgeschichte Weimars zuteil.

In der Zeit, in der Goethe bei den Kalbs wohnte, war seine Anstellung am Hof in Weimar keineswegs sicher. Der junge Herzog genoss sein Leben, reiste mit dem Dichter durch sein Herzogtum, besuchte Bälle und Redouten und jagte. All das verschlang auch Goethes Geld, das dieser nicht hatte, sondern sich beschaffen musste. Da sein Vater ihm auf seine Bitte hin die erwünschten 200 Gulden versagt hatte (weil er die neue Lebensbahn seines Sohns kritisch sah), lieh er sich bei seinem Darmstädter Freund Merck das Geld gegen einen Schuldschein und schrieb ihm am 22. Januar 1776:

»Ich hab das Geld, lieber Bruder, erst den 19. Januar kriegt! Was Du mir länger als März lassen kannst, das tu; was Du aber wiederbrauchst, sollst Du haben. Hier hast Du einen Schein.

Ich bin nun ganz in alle Hof- und politische Händel ver-

2    Zit. nach Friedhelm Kemp (Hrsg.), *Goethe: Leben und Welt in Briefen*, München 1978, S. 127.

wickelt und werde fast nicht wieder weg können. Meine Lage ist vorteilhaft genug, und die Herzogtümer Weimar und Eisenach immer ein Schauplatz, um zu versuchen, wie einem die Weltrolle zu Gesichte stünde. Ich übereile mich drum nicht, und Freiheit und Gnüge werden die Hauptkonditionen der neuen Einrichtung sein, ob ich gleich mehr als jemals am Platz bin, das durchaus Scheisige dieser zeitlichen Herrlichkeit zu erkennen. Eben drum. Adieu! – Ich hab einen Streich gemacht, der hoffentlich durchgeht und dir hoher Spaß sein wird.«[3] (Mehr zu diesem Streich in Kapitel 5)

3   Johann Wolfgang von Goethe, *Goethes Werke*. Herausgegeben im Auftrage der Großherzogin Sophie von Sachsen, Weimar 1887-1919, Abt. IV, Bd. 3, S. 21.

# 3. PALAIS SCHARDT – TEEPAVILLON

Ein kurzer Spaziergang führt vom Herderplatz Richtung Westen über die Geleitstraße nach rechts in die Scherfgasse Nr. 3, einst das Haus der Familie von Schardt. Seit 2003 ist das in einer privaten Initiative durch Josef und Waltraud Brinkmann restaurierte und mit zwei Museen (dem Schardtschen Hausmuseum und dem Puppenstubenmuseum) ausgestattete Schardtsche Haus öffentlich zugänglich.

Hier ist der mutmaßliche Ort des ersten Blicks, der ersten Worte zwischen Goethe und der Tochter der Familie von Schardt, Charlotte, verheiratete von Stein (1742-1827). Wir schreiben vermutlich den 11. November 1775. Der Ort dieser Begegnung soll der stimmungsvolle Rokoko-Teepavillon im ersten Geschoss, den man durch einen Galeriegang erreicht, gewesen sein. Damals und bis ins 19. Jahrhundert grenzte das große Grundstück mit seinem Garten an die Stadtmauer. Das Hauptgebäude stammt unter Einbeziehung älterer Bauteile aus den Jahren 1596 / 1597.

Johann Christian Wilhelm von Schardt (1711-1790), Charlottes Vater, war Hofmarschall und erwarb das Haus 1743. Er ließ den erwähnten Laufgang und den Pavillon errichten, der den Garten verschönerte. Noch heute zeigt das Haus zahlreiche Relikte der barocken Ausstattung aus Schardts Zeiten wie Türen, Parkett- und Dielenböden, Stuckdecken, Kamine und Öfen. An der Einrichtung hatte der Hofmarschall nicht gespart und das von seiner Gattin in die Ehe

eingebrachte Vermögen fast vollständig für Repräsentationszwecke ausgegeben, nicht zuletzt für die Deckengemälde, eines von Adam Friedrich Oeser, eines von Christian W. E. Dietrich. Sein Argument war, dass sein Haus auch als Gästehaus des Hofes dienen musste, aber Schardts Verschwendungssucht veranlasste die sparsame Herzogin Anna Amalia, ihn bereits einen Tag nach dem Tod ihres Ehemanns, Ernst August II. Constantin, im Mai 1758 vorzeitig in den Ruhestand zu versetzen. Damals war Charlotte, die älteste Tochter von insgesamt zehn Kindern der Familie, sechzehn Jahre alt. Da die Familie sich nun stark einschränken musste, um eine drohende Versteigerung des Hauses abzuwehren, sah sich Charlotte gezwungen, etwas zum Lebensunterhalt beizutragen. So kam das Angebot der Herzogin, ihre Hofdame zu werden, sehr gelegen. Sechs Jahre lang versah sie das Amt gewissenhaft und erwarb sich Diplomatie, Weltklugheit und Takt. Dann ging sie die Ehe mit Josias von Stein ein, dem herzoglichen Oberstallmeister. Die Ehe galt als standesgemäß, nach Liebe wurde nicht gefragt.

Das Paar lebte zunächst ganz in der Nachbarschaft von Charlottes Eltern, in der Kleinen Teichgasse 3 im Frankeschen Hof, einem leider heute dem Verfall preisgegebenen Anwesen gegenüber dem Teepavillon, in dem sie dann Goethe kennenlernte. Er ist sieben Jahre jünger als sie, die bereits Mutter von sieben Kindern ist und desillusioniert durch die uninspirierte Ehe mit Stein. Dieser ist glücklicherweise oft von Weimar abwesend, das verlangt sein Amt – als Oberstallmeister ist er auch Reisemarschall des Herzogs.

Charlotte besuchte also am 11. November 1775 die Eltern und lernte Goethe in deren Teepavillon kennen. Der Gegensatz kann nicht schärfer gedacht werden: Sie ist eine gereifte, möglicherweise bereits leicht verbitterte, jedenfalls hoferfahrene Ehefrau und Mutter, er ein in ihren Augen ungeformtes jugendlich wirkendes Genie. Und es gibt eine romantische Vorgeschichte für beide …

Die Beziehung war nämlich von anderer Seite angebahnt worden und schon dadurch emotional für beide Beteiligten stark aufgeladen: Der Modearzt der damaligen Zeit, Johann Georg Zimmermann, den Charlotte von Stein 1773 und 1774 in Bad Pyrmont kennengelernt hatte, wusste seinem Freund, dem Physiognomiker Lavater, in hellsichtiger Weise die Frau des Weimarer Oberhofstallmeisters zu beschreiben: »Sie hat überaus große schwarze Augen von der höchsten Schönheit. Ihre Stimme ist sanft und bedrückt. Ernst, Sanftmut, Gefälligkeit, leidende Tugend und feine, tiefbegründete Empfindsamkeit sieht jeder Mensch beim ersten Anblick auf ihrem Gesichte. Die Hofmanieren, die sie vollkommen an sich hat, sind bei ihr zu einer sehr seltenen hohen Simplizität veredelt … Der Körper mager, ihr ganzes Wesen elegant mit Simplizität.« Als Charlotte von Stein wieder in Weimar ist, schreibt sie Zimmermann, dem sie vertraut, von ihren Lektüren; insbesondere *Die Leiden des jungen Werthers* hätten sie tief berührt. Sie möchte den Autor am liebsten kennenlernen. Zimmermann warnt, facht jedoch gleichzeitig das Feuer an: »Sie wünschen, ihn zu sehen, und Sie wissen nicht, bis zu welchem Punkte dieser liebenswürdige und bezau-

bernde Mann Ihnen gefährlich werden könnte.« Er fügt eine
Silhouette Goethes bei und im selben Oktober 1774, als er
Goethe trifft, zeigt er diesem aus seiner großen Sammlung
von Schattenrissen auch jenen Charlotte von Steins. Und
Zimmermann schickt ihr den Text, den der Dichter an den
Rand dieses Bildes geschrieben hatte: »Es wäre ein herrliches
Schauspiel zu sehen, wie die Welt sich in dieser Seele spie-
gelt. Sie sieht die Welt, wie sie ist, und doch durchs Medium
der Liebe. So ist auch Sanftheit der allgemeine Eindruck.«[4]
Zimmermann beschreibt ihr Goethe als Genie und bereitet
sie auf seinen baldigen Besuch in Weimar vor.

Nach dem ersten Kennenlernen acht Tage nach seinem
Eintreffen in Weimar musste Goethe einsehen, dass entscheidende Charakterzüge dem Bild nicht anzusehen gewesen
waren, aber richtig blieb seine erste Einschätzung von Charlottes besonderer Sanftmut. Und obwohl sie bei aller Bewunderung für Goethes Genie im unmittelbaren Umgang den
gebührenden Respekt vermisste, wurde die Beziehung rasch
sehr intensiv, so lud sie den Dichter schon wenige Wochen
später auf ihr Landgut Schloss Kochberg ein.

4   Vgl. Kemp (Hrsg.), S. 151 ff.

# 4. LUTHERGASSE 1

Der Weg führt zurück zum Herderplatz, dort biegt man links ab in die Jakobsstraße, von der eine kleine Gasse abgeht, die Luthergasse. Einen wahrhaft historischen Ort hatte sich der ehemalige Erfurter Rhetorikprofessor Christoph Martin Wieland als Wohnort für sich und seine ständig wachsende Familie ausgesucht, als er 1772 in das damals »Söllnersches Freihaus« genannte Gebäude zog. Von der Herzogin Anna Amalia zum Prinzenerzieher bestellt, sollte Wieland den ungeliebten Professorenberuf an den Nagel hängen und gegen ein gutes Gehalt sowie eine sichere Pensionszusage für die überschaubare Zeit von drei Jahren die Prinzen vor allem in der Philosophie unterrichten. Empfohlen hatte er sich der Herzogin durch seinen Roman *Der goldene Spiegel,* in dem das Ideal des aufgeklärten Herrschers präsentiert wird, genau so, wie es sich Anna Amalia vorstellte und wie sie es sich für ihren Sohn Carl August als Vorbild wünschte.

Das damals unmittelbar an die Stadtmauer grenzende Grundstück gehörte zum herrschaftlichen Besitz und trägt heute den Namen »Lutherhof«: Der Reformator hatte hier auf Reisen wiederholt genächtigt. Im 19. Jahrhundert gründete der Schriftsteller und Sozialpädagoge Johann Daniel Falk gemeinsam mit Carl Friedrich Horn hier die »Gesellschaft der Freunde in der Noth«, die insbesondere Waisen, die nach den Plünderungen in Folge der napoleonischen Kriege unversorgt zurückgeblieben waren, eine Heimstatt

gab und eine Ausbildung gewährte. Es war dies die erste sozialpädagogische Einrichtung in Deutschland. In der zweiten Hälfte des 19. Jahrhunderts wurde der Lutherhof durch den Hof verkauft und stark verändert.

Wieland lebte hier bis 1777 und Goethe hat ihn mit Sicherheit oft besucht. Die intensive Beziehung der beiden Dichter hatte bereits vor Goethes Ankunft in Weimar ihren Anfang genommen und sollte bis zu Wielands Tod im Jahr 1813 währen. Allerdings muss man es als menschliche Größe interpretieren, dass Wieland Goethe so freundlich entgegenkam, wie er es in Weimar tat. Was war zuvor geschehen?

Wieland hatte den *Götz von Berlichingen* des jungen Frankfurter Genies gelesen und in seinem *Teutschen Merkur* von 1773 angezeigt. Immer wieder publizierte Wieland aber auch eigene Werke in der Zeitschrift, etwa im selben Jahr seine *Briefe über Alceste*. Diese Art der Selbstvermarktung war Goethe ein Dorn im Auge, was ihn dazu antrieb, Wieland mit seiner literarischen Farce *Götter, Helden und Wieland* zu attackieren. Anders als in seiner Studentenzeit, als er Wieland verehrt hatte, sah er in dem Älteren plötzlich einen Pedanten, die Verkörperung des Antiquierten – vor allem aber, so fand Goethe, verniedliche Wieland unzulässigerweise die von ihm verehrte Antike. Wieland reagierte auf diesen Angriff gelassen, ja er empfahl seinen Lesern die Farce Goethes im *Teutschen Merkur* sogar, indem er Goethe mit dem großen Komödiendichter der Antike, Aristophanes, gleichsetzte – ein großzügiges Versöhnungsangebot.

Entsprechend großzügig und offen empfing der Ältere den Jüngeren bei seiner Ankunft in Weimar. Friedrich Heinrich Jacobi berichtete er von seiner Zuneigung für Goethe, und er schwärmte auch anderen von Goethes Liebenswürdigkeit und seinem Genie vor.

Und wirklich: In den Lutherhof kam Goethe oft, aß bei Wieland zu Mittag oder zu Abend, man tauschte sich aus – es entwickelte sich eine Freundschaft, und Goethes jugendliche Ausbrüche wurden seltener. An den erwähnten Arzt Zimmermann schrieb Wieland schon im Januar 1776: »Was Gott zusammengefügt hat, soll der Mensch nicht scheiden. Goethe, Lavater, Herder, warum sollten sie nicht auch meine Freunde sein? Seit ich dieses Kleeblat kenne, sind sie meine Heiligen.

Ich lebe nun neun Wochen mit Goethe, und lebe, seit unsere Seelenvereinigung so unvermerkt und ohne allen effort nach und nach zu Stande gekommen ist, ganz in ihm.«[5]

Goethe seinerseits lernte »Vater« Wielands Güte schätzen, aber auch mit seinem aufbrausenden Charakter zu leben. Zu Wieland gehörten sein Kinderreichtum, sein Schreibfuror, seine Unlust, der höfischen Etikette zu gehorchen. In all diesen Punkten war Goethe dezidiert anders strukturiert bzw. sollte das Leben ihm etwa reichen Kindersegen vorenthalten. Aber Goethe erkannte in Wieland sofort das Original, das er in anderer Hinsicht selbst war, und er lernte

---

5 Vgl. Heinrich Bock (Hrsg.), *Wieland-Lesebuch*, Frankfurt am Main 1983, S. 281 f.

diesen kleinen Mann mit den großen Sprachkenntnissen respektieren, ja freundschaftlich lieben.

Lange nach Wielands Tod hat Goethe im Gespräch mit Eckermann seine Beziehung zu Wieland reflektiert: »Wieland, wie immer, erscheint auch in diesen Briefen[6] durchaus heiter und wie zu Hause. An keiner besonderen Meinung hängend, war er gewandt genug, um in alles einzugehen. Er war einem Rohre ähnlich, das der Wind der Meinungen hin und her bewegte, das aber auf seinem Wurzelchen immer feste blieb.

[...] Als aber Herder nach Weimar kam, wurde Wieland mir ungetreu; Herder nahm ihn mir weg, denn dieses Mannes persönliche Anziehungskraft war sehr groß.«[7]

6 Gemeint ist der Briefwechsel mit Jacobi, etwa greifbar in: Friedrich Heinrich Jacobi, *Briefwechsel*, begr. von Michael Brüggen, Stuttgart-Bad Cannstadt 1935 ff.

7 Johann Peter Eckermann, *Gespräche mit Goethe in den letzten Jahren seines Lebens*, 2 Bde., Frankfurt am Main 1981, S. 223 f.

## 5. HERDERS WOHNUNG HINTER DER STADTKIRCHE ST. PETER UND PAUL

Vom Lutherhof geht man wieder den kurzen Weg zurück zum Herderplatz und erblickt hinter der Kirche den schönen Renaissance-Eingang zum Herderhaus mit seinem Garten und den Sitzsteinen.

Herder in Weimar – was hat das mit Goethe zu tun? In dem im zweiten Kapitel zitierten Brief Goethes an seinen Freund Merck findet man einen fast kryptischen Satz, der jedoch Bezug nimmt auf sein Aufgreifen einer Anregung Wielands, Johann Gottfried Herder als Generalsuperintendenten nach Weimar zu holen. Goethe sprach zu Merck von einem »Streich [...], der hoffentlich durchgeht und dir hoher Spaß sein wird«.[8]

Herder, den Goethe in Straßburg als wegen seiner vielfältigen literarischen und philosophischen Bildung bewunderten Mentor und Freund kennengelernt hatte, war inzwischen Konsistorialrat in Bückeburg. Seine Frau Caroline, die Goethe aus dem Kreise der Empfindsamen in Darmstadt ebenfalls schon kannte, erwartete ihr zweites Kind. Herder für Weimar durchzusetzen, war für Goethe aus zwei Gründen nicht einfach, hatten sich doch die vier Stadtpfarrer in den vergangenen Jahren, in denen die Stelle vakant war, die Einnahmen sowie die Arbeit des Superinten-

8  Zit. nach Kemp, S. 129.

denten aufgeteilt. Vor allem war Herder wie auch Goethe als ein moderner Denker bekannt, wenig orthodox als Theologe und weit gefächert in seinen literarischen und intellektuellen Interessen. Gerade das gefiel aber dem jungen Carl August. Doch Goethe und er brauchten einige Monate Überredungszeit, um die Berufung Herders voranzutreiben, der eigentlich auf eine Professur nach Göttingen strebte. Goethes Lockrufen konnte er aber schließlich nicht widerstehen.

Als Ende Januar Herders Berufung erfolgte, machte sich Goethe daran, dem Freund, den er im Brief immer Bruder nannte, die Wohnung vorzubereiten, die heute immer noch die des Superintendenten Weimars ist (der jedoch nicht mehr neben der kirchlichen auch die Schulbildung verantworten muss wie damals). Am 5. Juli 1776 schreibt Goethe an Herder über dessen künftige Wohnung: »Lieber Bruder, heut war ich in der Superintendentur, wo Herr Konsistorialrat Seidler mit einem Schwanz von zehn Kindern nach und nach ausnistet. Ich hab gleich verstanden, daß wenigstens das obre Stock repariert werde, und so eingerichtet, dass ihr einziehen und deine Frau Wochen halten könne. Es müssen noch Öfen gesetzt werden, Fenster gemacht, angestrichen, geweißt und so weiter.«[9] Im selben Brief bereitet er den Freund darauf vor, dass sich das Volk vor ihm schon fürchte, und bittet ihn, sich mit einer einfachen Predigt bei der Bevölkerung einzuführen. Im Juli dann berichtet er dem

9  Ebd., S. 131.

Freund und Bruder von seinem ersten (!) Besuch in der Kirche neben der Superintendentur, die heute für gewöhnlich »Herderkirche« genannt wird – sie war offenbar kein Lieblingsort Goethes.

Die Superintendentur hingegen ist in seinen frühen Weimarer Jahren ein häufig und gern aufgesuchter Ort für ihn. Das 1725-1727 entstandene Gebäude, das Vorgängerbauten aus dem 16. Jahrhundert mit einbezog, ist ein bedeutendes bauliches Zeugnis der Renaissance- und Barockzeit in Weimar: Haus, Hof und Garten sind eine Einheit und werden für jeden Gast erlebbar durch einen Besuch im geschmackvoll eingerichteten Café Caroline im Erdgeschoss des Hauses mit seinen Gewölben. In der schönen Jahreszeit wird auch der Garten mit einbezogen. Schon der Durchgang zum Hof versetzt den Besucher in eine andere Zeit. Das Haus und sein Garten gehören zum umfangreichen UNESCO-Welterbe Klassisches Weimar. Der bis 1850 noch weit größere Garten wurde im jetzigen Aufmaß, teils nach historischen Vorlagen, im Jahr 1994 rekonstruiert.

Im Oktober 1776 zog Herder in das Haus ein, das er und seine Frau nach kurzem schon als »verschnitzelt und unbewohnbar« bezeichnen sollten. Andere erlebten das jedoch anders. Vor allem die großen, den Studien Herders gewidmeten Räume fanden Anklang. In diesem Sinne schreibt der junge Theologe Johann Georg Müller, der 1780 einige Zeit lang bei der inzwischen weiter gewachsenen Familie wohnen durfte:

»Nach diesem Zimmer kommt ein sehr großer Saal, und

da ist die Hauptbibliothek, so groß wie ich noch wenige Privatbibliotheken gesehen. Es war mir recht wohl, da ich in diese Welt von Büchern gleichsam mit unbeschränkter Macht kam. Denn das ist mir eine liebe Beschäftigung, sei sie nun gutes oder schlimmes Zeichen. Die Bibliothek ist durchgehend wohlgeordnet ... Mitten drin steht ein langer Tisch; aber weh' dem, der da etwas finden wollte!

Nun kommt noch das letzte Zimmer – seine Studierstube, die groß und schön, hellblau oder schwefelgelb angestrichen ist. Aber die große Kirche macht etwas finster darin, deswegen er bisweilen in dem Zimmer logiert, das ich habe. Hier ist wenig Schmuck. Hinten steht in einem Winkel eine römische Büste (Antonius glaub' ich) vorn ein Spiegel und etwas drunter, ich weiß nicht was, das Tischgen, wo er schreibt, ein Kanapee u.s.w. auf dem Tisch liegt ein kleiner Psalter, seines Herzens Trost und Erquickung ...«[10]

Dass Goethe und Herder sich im Laufe der Zeit einander entfremdeten, weil Goethe ihn einerseits nicht mehr als Überlegenen ansprach und brauchte, was Herder jedoch im Grunde verlangte, andererseits finanzielle Schwierigkeiten die kinderreiche Familie bedrückten und Herder den immer wohlhabenderen Goethe auch mit Neid betrachtete, ist ein trauriges Kapitel. Dazu kam die Ablehnung der Philosophie Kants durch Herder, wohingegen Goethe sich gerade in diesem Punkte mit Schiller verband. Dieser hatte seine eigene Ästhetik im Wesentlichen auf den Kant'schen

10  Vgl. Christel Ringert, *Herder in Weimar*, Bucha bei Jena 2003, S. 21.

Kategorien aufgebaut und in deren Weiterentwicklung konzipiert. Neid gab es dann leider seitens Herders auch auf
die seit 1794 immer weiter entwickelte Arbeitsbeziehung
und Freundschaft zwischen Goethe und Schiller, von der
sich Herder ausgeschlossen fühlte. Goethe selbst verhielt
sich unverändert loyal und hat auch noch im hohen Alter
Wielands und Herders Verdienste gewürdigt. Dies bezeugt
Eckermann: »Der großen Kultur der mittleren Stände ward
darauf gedacht, die sich seit den letzten fünfzig Jahren
über Deutschland verbreitet, und Goethe schrieb die Verdienste hierum weniger Lessingen zu als Herdern und
Wieland.«[11]

---

11 Johann Peter Eckermann, *Gespräche mit Goethe in den letzten
Jahren seines Lebens*, Bd. 1, S. 131.

# 6. DAS RESIDENZSCHLOSS

Ein kurzer Weg über die Kaufstraße und den Marktplatz führt den Besucher über den Grünen Markt mit dem berühmten Café Resi (Residenzcafé) zum Schloss.

Die Brandruine des Stadtschlosses war einer der ersten Eindrücke für Goethe in Weimar, aber es war nicht der erste Schlossbrand gewesen, ihm waren bereits drei vorangegangen.

Ende des 10. Jahrhunderts gab es den ersten urkundlich belegten hölzernen Burgbau am linken Ilmufer, umgeben von einem Wassergraben. Der Wasserburgcharakter blieb bis ins 18. Jahrhundert erhalten. Die gotische Anlage, inzwischen ein Steinbau, wandelte man im 16. Jahrhundert in ein Renaissancegebäude mit Wendelstein um, denn Weimar war mittlerweile neben Torgau und Coburg sächsische Residenz. Aus der Gotik blieben der untere Teil des Schlossturms sowie die sogenannte Bastille, der stadtseits orientierte Eingangsbau im Südwesten, erhalten, die auch den Brand von 1618 und den von 1774 überstanden. Diesem letzteren fielen die berühmte Schlosskapelle, »Himmelsburg« genannt, in der Johann Sebastian Bach auf der Orgel zu hören war, zum Opfer sowie das Hoftheater, das Herzog Wilhelm Ernst 1696 hatte einrichten lassen. Damals, die junge Anna Amalia regierte das Fürstentum als Obervormundin ihrer Söhne, schlug ein Blitz unbemerkt in das Dachgeschoss ein. Erst am folgenden Tag bemerkte man den Brand, der die

Schlossbauten zum überwiegenden Teil vernichtete. Leere Kassen machten einen baldigen Wiederaufbau unmöglich. Der künftige Regent, Carl August, zog in das nach 1770 für die Landstände erbaute Fürstenhaus, Anna Amalia selbst ins Wittumspalais.

Dies war die Situation, als Goethe nach Weimar kam. Fünfzehn Jahre lang blieb das Schloss weiter die Brandruine, als die er es kennengelernt hatte, es wurden lediglich Sicherungsmaßnahmen durchgeführt. Zu viele andere drückende Aufgaben, vor allem die lange spürbaren Folgen des Siebenjährigen Kriegs, verhinderten einen Wiederaufbau, der erst nach Goethes Rückkehr aus Italien 1788 mit der Einsetzung einer fünfköpfigen Schlossbaukommission auf die Agenda kam. Treibende Kraft der Kommission war – wen wundert es – der durch Italien auch hinsichtlich seiner ästhetischen Vorstellungen neugeborene Goethe. Aber auch Johann Heinrich Meyer, der in Goethes Gefolge aus Italien nach Weimar gelangt war, der »Kunschtmeyer«, setzte sein Wissen und Können bei der Planung ein. Außerdem hatte Goethe in Italien den Hamburger Architekten Johan August Arens kennengelernt, der als erster Pläne zum Um- und Wiederaufbau im neuen klassizistischen Baustil vorlegte, den Goethe, begeistert von der italienischen Antike und der Renaissance, in Weimar einführen wollte. Arens verließ Weimar allerdings schon 1792 wieder, immerhin unter Zurücklassung seiner Pläne, etwa für das runde Louisenzimmer, und auch ein weiterer Architekt, Thouret, kapitulierte, nachdem er das Louisenzimmer in Zusammenarbeit mit Goethe

als »Probearbeit« fertiggestellt hatte. Dieses Zimmer im ersten Obergeschoss war innerhalb des Schlosses vielleicht Goethes Lieblingsort schlechthin: Hier konnte er seine Verehrung für die Herzogin, die er als ganz junges Mädchen in Frankfurt bereits kennengelernt hatte, zum Ausdruck bringen. Der mit grauem »Jenaischen Alabaster« verkleidete Raum ist der einzige runde im gesamten Schloss. Die zeltartig wirkende Decke nach antikem Vorbild und der von Meyer gestaltete umlaufende »Fries vom menschlichen Leben« strahlen eine besondere Heiterkeit aus. Ein Intarsienfußboden rundet seine elegante Gestaltung ab. Insgesamt vollzog sich die Rekonstruktion des Schlosses durch das Fehlen eines »Hauptarchitekten« allerdings schleppend.

Nach einer Unterbrechung seiner Tätigkeit wegen des Kriegs Preußens gegen Frankreich 1793, in welchen Goethe als treuer Paladin des Herzogs mitgezogen war, konnte er erneut die Aufgabe der Schlossbauleitung übernehmen, wo er sich besonders dafür engagierte, dass Fristen und Zwischenergebnisse angemahnt wurden, aber auch dafür, Probleme zu diskutieren und Lösungsideen selbst zu entwickeln. Insofern war das Schloss Goethes Kind und Lieblingsort in einem, konnte er doch hier das einzige Mal in seinem Leben einen dynastisch hochrangigen Ort in eine Gestalt bringen, die seiner Kunstauffassung entsprach. Daher war die Wahl des Architekten, der in dem Rohbau nach den Plänen von Arens den Innenausbau entwickeln sollte, keine leichte Aufgabe.

Erst Heinrich Gentz aus Berlin konnte den Ostflügel des

Schlosses abschließend gestalten. Sein Treppenhaus mit den dorischen Säulen und der weißen Farbgebung, das den mittelalterlichen Aufritt ersetzte, und der Festsaal mit seiner heiteren Atmosphäre in Gelb- und Rosatönen samt Empore boten die klassizistische Einfachheit und Stimmigkeit, die heute noch verzaubern. Die gesamte Ausstattung entstand natürlich in Absprache mit Goethe und Herzog Carl August, die das Bildprogramm im Treppenhaus gemeinsam mit Friedrich Tieck bestimmten: Der Landesvater Carl August wollte seine Absicht, das Land vor Krieg und Revolution zu schützen, deutlich machen, und Goethe lieferte ihm die Ideen dazu, die auf der Überzeugung gründeten, dass ein aufgeklärter Fürst die Revolution nicht brauche, denn er sei ja vernünftig genug, rechtzeitig geeignete Reformen durchzuführen. Im Festsaal wiederum bezog Goethe seine Vorstellungen von Palladio, den er auf seiner Italienreise studiert hatte, mit ein. Gentz griff diese Impulse auf und ergänzte sie durch die in Griechenland gewonnenen Inspirationen. Damals galt es als vorbildlich, die antiken Kunstwerke, die man eventuell sogar minutiös vermessen und abgezeichnet hatte, in Deutschland nachzuahmen.

Das Ideal des an der griechischen Kunst und Architektur orientierten neuen Geschmacks propagierte Goethe um 1800 auch theoretisch, etwa in der mit Schiller gemeinsam herausgegebenen Zeitschrift *Die Propyläen*. In seinem Aufsatz *Antik und modern* empfahl der Dichter wörtlich sogar, jeder solle »auf seine Art ein Grieche sein«.

Die Anstrengungen rund um den Schlosswiederaufbau

gipfelten in der Ankunft der Märchenprinzessin aus dem Zarenreich, Maria Pawlowna, die 1804 als Braut Carl Friedrichs, Carl Augusts Sohn, in Weimar eintraf. Doch erst nach Carl Augusts Tod im Jahr 1828 konnte der Innenausbau des Westflügels mit den kostbaren Privaträumen Marias vollendet werden, jetzt unter Regie des weimarischen Oberbaudirektors Clemens Wenzeslaus Coudray. Das sollte bis 1831 dauern. Noch in seinem letzten Lebensjahr beweist Goethe Interesse an der Vollendung dieser Arbeiten und bittet die Zarentochter brieflich, ihm die neuen Räume einmal selbst zu zeigen. Der Architekt Coudray präsentierte ihm die Räume schließlich am 9. November 1831. Goethe fand sie »schön, angenehm und prächtig eingerichtet«.[12] Zwei Jahre nach dem Tod des Dichters, 1834, begann die Zarentochter, die Goethe sehr verehrt hatte, mit der Einrichtung der vier Dichterzimmer für Wieland, Herder, Schiller und Goethe, wobei die Goethegalerie der Ausgangspunkt war. Die Pläne kamen von Schinkel, für den die Goethegalerie eines seiner letzten Werke vor seinem Tod 1841 sein sollte. So kam es, dass Goethe ein Zimmer im Weimarer Schloss erhielt.

12  *Goethes Werke*, WA, III, 13, S. 167 f.

# 7. GOETHES ZWEITE WOHNUNG AM BURGPLATZ UND DAS GOETHE-ZIMMER IM CAFÉ RESI

Nur einen Steinwurf entfernt vom Schloss in westlicher Richtung findet sich Goethes zweites Domizil in Weimar. Da er schon nach zwei Monaten des Aufenthalts plante, in Weimar zu bleiben, konnte er die Gastfreundschaft des Kammerpräsidenten Kalb nicht mehr länger in Anspruch nehmen. Er wünschte sich eine eigene Wohnung, zumal ihm vom Herzog für Anfang Juni 1776 eine gut dotierte Stelle als Geheimer Legationsrat in Aussicht gestellt worden war. Es traf sich, dass der Hof- und Stallkassierer Carl König in einem großen stattlichen Haus am Burgplatz 1 wohnte und eine Wohnung im ersten Stock vermieten wollte, deren Fenster direkt auf die Brandruine schauten. Dieses Quartier konnte jedoch von Goethe erst am 24. Juni 1776 bezogen werden, weshalb er zwischen März und Juni 1776 (vermutlich tatsächlich gekoppelt an den Antritt seiner Stelle) auf des Herzogs Angebot hin in dem zur Herrschaft gehörenden »Kleinen Jägerhaus« Quartier nahm.

Das Haus am Burgplatz existiert noch und beherbergt heute den Kulturverein ACC. Goethes Ansprüchen an eine anständige Unterkunft entsprach auch die Wohnung hier nur eingeschränkt, denn der Grundriss weist zwar zwei relativ große Zimmer auf, im Mietvertrag »Saal« genannt, die aber jeweils über den Flur, »Vorsaal« genannt, erschlossen wurden und nicht ineinander übergingen, wie es in der vornehmen Welt bei einer Suite der Fall gewesen wäre. Die Feier seines Einzugs dort und die Anstellung am Weimarer Hof hat er vermutlich jedoch gleich beim Einzug im Anschluss an seine Einführung ins Geheime Consilium am 25. Juni 1776 mit Champagner begossen.[13]

Damals war das Haus freistehend und wies drei Geschosse auf. Es stammte aus der Renaissance und besaß ursprünglich einen Innenhof, der Eingang war damals am südlichen Gebäudeteil, neben der Hauptwache. Allerdings hatte der Hofkassierer Teile des Gebäudes schon zu Goethes Zeiten bereits verkauft.

Goethe lebte in dieser Wohnung, deren Raumstruktur jetzt noch im ersten Obergeschoss der ACC-Galerie ersichtlich wird und die neben den beiden großen Zimmern drei Kammern, eine Küche, den verschlossenen Vorsaal und die Galerie sowie Keller und Holzstall aufwies, auch nur neun Monate lang. Immerhin war es ihm als Enkel eines Gastwirts wichtig, einen wohlbestückten Weinkeller einzurichten. Seine Wohnung wies vier Fensterpaare auf, so kann man sie auch jetzt noch von außen gut ausmachen.

Das erst 1839 errichtete Gebäude an der Südseite (Grüner Markt 4) des Komplexes, das Residenzcafé oder Café Resi, hat ein ursprünglich einem älteren Gebäude zugeordnetes

---

13 Vgl. den gesamten Zusammenhang bei Volker Wahl, *Eine Mietrechnung für Goethe von 1777. Mit einem Exkurs über Goethes ersten Weinkeller in Weimar*, in: *Weimar-Jena: Die große Stadt*, 9/4 (2016), S. 343-364.

Hinterzimmer, das Goethezimmer genannt wird: Auch dieses ist ein authentischer Goetheort, denn das Gebäude des Cafés, das über Stufen erreicht wird, entspricht mit seinem Erdgeschoss dem angrenzenden ersten Obergeschoss von Goethes Wohnung. Dieser Raum seiner ehemaligen Wohnung war keiner bestimmten Nutzung zugeordnet, Goethes Wohnzimmer war es höchstwahrscheinlich nicht, wie es heute seitens des »Resi« behauptet wird. Als Goethezimmer kann es gleichwohl gelten.

Neben dem Goethehaus am Frauenplan ist das Quartier am Burgplatz die einzig erhaltene Wohnung Goethes in Weimar, sieht man vom Gartenhaus ab. Und wie darf man sich die Möblierung der Junggesellenwohnung vorstellen?

Von Repositorien, also beauftragten Regaleinbauten in dem kleinen der drei Zimmer, wissen wir, auch, dass Goethe keinerlei Möbel aus Frankfurt nach Weimar mitgebracht hatte. Ob eine Möblierung durch den Vermieter gestellt wurde, wissen wir nicht. Es lässt sich aber nachweisen, dass der Herzog Möbel für Goethe anfertigen ließ, um ihm eine Überraschung zu bieten nach der Reise, die er mit ihm im Frühjahr vor der Übersiedlung in das neue Quartier durch das Herzogtum angetreten hatte. Eine ganz besonders freundschaftliche und feinfühlige Art, den Gast willkommen zu heißen und ihm das Bleiben nahezulegen.

Dieser wird nun aufgenommen und in ein Netz eingewoben, das nicht nur Carl August gespannt hatte, sondern auch dessen noch jugendliche Mutter Anna Amalia, erst 36 Jahre alt, die schon mit 18 Jahren Witwe geworden war und einem der kultiviertesten Höfe des damaligen deutschen Reichs entstammte: Braunschweig-Lüneburg-Wolfenbüttel.

Selbstverständlich war es notwendig, dass Anna Amalia ihrem Sohn, der wünschte, dass seine Mutter weiterhin in die kulturellen Aktivitäten des Hofs eingebunden blieb, ihr Einverständnis für Goethes dauerhafte Berufung signalisierte, und das erhielt er stante pede, hatte sie doch sofort begriffen, dass der junge Goethe, im Alter genau zwischen ihr und ihrem Sohn stehend, die ideale Person wäre, ihre Liebe zur Kultur in die richtige Form zu bringen. Ihr schwebte eine kreative, innovative Kultur vor, die nichts oder nur wenig kosten sollte, angesichts der notorisch leeren Kassen Weimars, eines Fürstentums ohne natürliche Rohstoffressourcen, ausgeblutet vom Siebenjährigen Krieg.

Ein solches »Low-Budget-Kulturkonzept« sollte Goethe mitentwickeln. Sie sah ihm an, dass er das konnte und daher hielt sie ihn für wichtig. Außerdem sah er gut aus und passte in das Bild, das ihr für Weimar vorschwebte: Junge, kreative Menschen wurden gebraucht, die den Hof ihres Sohnes und der Schwiegertochter Louise beleben sollten. Wer weiß, was dieser Goethe aus Frankfurt neben seinen Haus- oder besser Hof-Aufgaben noch schreiben würde, um Weimar bekannt zu machen? Von dieser Bekanntheit träumte sie, wünschte sie geradezu herbei. Goethe machte gute Miene zu all den neuen Anforderungen, den bürokratischen Entscheidungen im Geheimen Consilium, wo er bald über den Wegebau zu entscheiden hatte, den Bergbau im Thü-

ringer Wald ankurbeln sollte und vieles, vieles mehr mitent-
scheiden musste.

Sowohl das Café Resi wie das Café im ACC sind im
Übrigen zu empfehlen, wenn eine kleine Stärkung auf dem
Gang durch Goethes Weimar nötig geworden sein sollte.

# 8. DAS GEHEIME CONSILIUM IM ROTEN SCHLOSS

Ob sie einer der Lieblingsorte des Dichters war, jene Ratsstube im Roten Schloss zwischen Bibliothek und Residenzschloss, in der das oberste Staatsorgan des Fürstentums Sachsen-Weimar-Eisenach zwei- bis dreimal die Woche tagte? Diese Frage ist schwer zu beantworten.

Es war jedenfalls ein Ort, den der Dichter vom 25. Juni 1776 an bis Anfang 1785 regelmäßig zu den Sitzungstagen aufsuchte, denn nur die Anwesenheit im Consilium berechtigte ihn, das doch recht beträchtliche Jahresgehalt von anfangs 1.800 Talern, das ihm der Herzog ausgesetzt hatte, zu beziehen. Einzig wenn Goethe verreist oder krank war, ließ er die Sitzungen ausfallen. Und es waren vielfältige und herausfordernde Aufgaben, die dort seiner harrten.

Das Rote Schloss ist überhaupt sehr interessant. Warum es »Rotes Schloss« heißt, lässt sich nicht feststellen, denn es findet sich keinerlei Hinweis auf einen roten Außenanstrich. Allenfalls die roten Fenstergewände könnten zu dem Namen geführt haben. Dorothea Susanne von der Pfalz hatte es sich 1574-1576 als Witwensitz errichten lassen. Damals war das Gebäude mit auf Stützen gestellten Gängen sowohl mit dem Grünen Schlösschen sowie mit dem Residenzschloss verbunden. Nach dem Brand des Residenzschlosses 1618 diente das Rote Schloss zeitweilig als Residenz, und es war 1703 der erste Arbeitsort Johann Sebastian Bachs in Weimar.

Dass hier das Geheime Consilium seinen Treffpunkt hatte, konnte erst in den letzten Jahren durch die akribischen Forschungen von Volker Wahl ans Licht gebracht werden.[14]

Aber wo genau befand sich die Ratsstube, und ist sie zugänglich? Die zweite Frage muss zuerst mit einem klaren »Nein« beantwortet werden, da hier heute die wissenschaftlichen Mitarbeiter der Herzogin Anna Amalia Bibliothek ihre Arbeitsräume haben. Die erste Frage beantwortet ebenfalls Volker Wahl in einem vor wenigen Jahren erschienenen Aufsatz.[15] Er konnte nachweisen, dass das Geheime Consilium, das eigentliche Machtzentrum der sachsen-weimarischen Regierung, niemals im Residenzschloss ansässig gewesen war. Dass das Consilium, das ursprünglich nur aus drei Personen bestand, die der Herzog persönlich auswählte, nach dem Schlossbrand von 1774 im Fürstenhaus getagt haben soll, ist ebenfalls nicht nachzuweisen. Stattdessen müssen wir den Westflügel des Roten Schlosses in Betracht ziehen, der Ostflügel wurde 1808 durch Carl August abgerissen. Man kann die drei Räume, die dem Consilium zugeordnet waren, von der Marktseite des Roten Schlosses (heute Eingang zum Studienzentrum der Herzogin Anna Amalia Bibliothek) aus sehen: Sie befinden sich unmittelbar

14 Volker Wahl, *Goethe und das Geheime Consilium in Weimar*, in: *Klassensitzungsvorträge 2014-2015*, Hrsg. v. Meinolf Vielberg, Erfurt 2017, S. 163-182.

15 Volker Wahl, *Die Geheime Ratsstube im Roten Schloss zu Weimar. Der Versammlungsort des Geheimen Consiliums zwischen 1743 und 1803*, in: *Weimar-Jena: Die große Stadt*, 6/1 (2013), S. 6-21.

über dem mit dem ernestinischen Wappen gezierten Portal.
Hier tagte das Geheime Consilium bereits seit seiner Ent-
stehung 1743. Lediglich in der Zeit, als nach dem Brand
des Residenzschlosses die Herzogin Anna Amalia mit ihren
Söhnen nach Schloss Belvedere gezogen war, fanden die Sitzungen des Geheimen Consiliums dort statt, denn die Herzogin fand es nicht zumutbar, zwei- bis dreimal pro Woche
in die Stadt zu fahren. Damals aber lebte Goethe noch nicht
in Weimar.

Auch die Funktion der insgesamt drei Räume, die dem
Geheimen Consilium zugeordnet waren, kennt man heute
ziemlich genau: Sie dienten insgesamt »Zur Haltung derer
Geheimde Raths-Sessionen, Expedirung derer Resolutionen
und Repositur der Acten«.[16] In anderen Worten handelte es
sich bei den Räumen um die Ratsstube (dies ist der Ort, den
Goethe immer wieder besuchte), um eine Kanzlei, welche
die Entschlüsse ausfertigte, und die Aktenrepositur, also
ein Archiv aller ausgefertigten Akten. Dass es sich bei der
von Goethe besuchten Ratsstube um das im zweiten Obergeschoss des Roten Schlosses gelegene, von der Marktseite
aus gesehen leicht nach rechts verschobene, mit zwei Fenstern versehene Zimmer handelt, konnte durch 1886 aufge-
nommene Grundrisse festgehalten werden. Wie haben wir
uns nun aber Goethes Arbeit an diesem Ort vorzustellen?
Hierzu hat der Archivar Volker Wahl die Quellen gründlich
ausgewertet und festgestellt, dass zwischen 1776 und 1786,

16 Zit. nach Wahl, ebd., S. 12 f.

als Goethe nach Italien reiste, das Consilium an 761 Terminen tagte und dabei 20.430 Vorgänge bearbeitet wurden. Goethe war bei 527 Sitzungen anwesend und beteiligte sich an 14.741 Vorgängen. Ab Februar 1785 war er nicht mehr ständig anwesend. Damals hatte ihm Herzog Carl August zugestanden, sich von den Geheimen Ratssitzungen zurückzuziehen, weil sie ihn mehr und mehr belasteten und seine Kreativität lähmten. Inzwischen hatte er nämlich weitere Verpflichtungen übernehmen müssen, die Oberleitung in der Kammer sowie die Leitung von speziellen Kommissionen in dringlichen Angelegenheiten, sodass er von da an bis 1786 nur noch in Ausnahmefällen – insgesamt viermal – in die Geheime Ratsstube einbestellt wurde.[17]

Erst nach dem Wiedereinzug der herzoglichen Familie in das Residenzschloss 1803 gab es dort erneut drei Räume im Ostflügel, die dem Geheimen Consilium gewidmet waren. Sie schlossen sich direkt an die Räume Herzog Carl Augusts an.

Durch die von Volker Wahl erarbeitete Regestausgabe der Tätigkeiten Goethes im Geheimen Consilium in den zehn Jahren vor der Italienreise wird deutlich, wie wenig man an dieser Stelle von Goethe als Individuum, gar Genius sprechen kann: Hier konnte er lediglich als ein Mitglied eines »Teams« handeln, denn das Geheime Consilium bestand aus drei gleichberechtigten Mitgliedern. Eines davon, Jakob Friedrich Freiherr von Fritsch, hatte sich lange

17  Wahl, *Goethe und das Geheime Consilium*, S. 169.

gegen Goethes Berufung wegen dessen Unerfahrenheit in den Belangen der Landesverwaltung gewehrt, aber schließlich nachgeben müssen, denn der Fürst hatte das letzte Wort. Er wollte seinen Freund eng an sich und seine Geschicke binden, eine unendliche Reihe von Gesprächsthemen mit ihm haben. Der andere, ein Bürgerlicher, Christian Friedrich Schnauß, hatte keine Einwände. Und sowieso gingen die Uhren anders, seitdem Carl August regierte: Dieser Fürst wollte gestalten, er ließ sich seine letzte Entscheidungsmöglichkeit nie nehmen, es sei denn, er war auf Reisen oder im Krieg. Nur in diesen Fällen ersetzte ihn das Consilium, das ansonsten im Wesentlichen eine beratende Funktion hatte. Aber gleichwohl war die besonnene Beratung höchst wichtig angesichts eines so jungen Regenten.

Die Tätigkeitsfelder des Geheimen Consiliums waren vielfältig, die ganze Welt der Verwaltung von Sachsen-Weimar-Eisenach blättert sich dadurch auf. Es gab acht Sektoren oder Departements, und zuweilen kamen aus allen Sektoren Themen für die Tagesordnung einer Session, manchmal waren das bis zu fünfzig Punkte. Dass dies für einen Dichter im Grunde eine absolute Überforderung war, ist bislang zu wenig beachtet worden. Hier einmal kurz die acht grundsätzlichen Bereiche, über die auf diesen Sitzungen gesprochen wurde:

A. Angelegenheiten des Fürstlichen Hauses und der sächsischen Häuser; Beziehungen zu Kaiser und Reich und zu den Reichsmitständen; Angelegenheiten des

Geheimen Consiliums und des Geheimen Haupt- und Staatsarchivs,

B. Militärsachen,
C. Angelegenheiten der Universität Jena,
D. Rechts-, Gerichts- und Lehnswesen; Angelegenheiten der inneren Landesverwaltung; Ämtersachen,
E. Finanzverwaltung; Forst- und Jagdsachen; Bauwesen,
F. Kirchen- und Schulangelegenheiten,
G. Angelegenheiten der Landstände; Steuersachen,
H. Beamten-, Diener- und Gnadensachen; Hofangelegenheiten.

# 9. DIE GROSSHERZOGLICHE BIBLIOTHEK

Man überquert den Burgplatz und läuft geradewegs auf das Gebäude mit dem schiefergedeckten Mansarddach zu, das dem Schloss gegenüber in südlicher Richtung steht.

Eine Bibliothek, die – eingeschränkt – auch für die Öffentlichkeit zugänglich war, wurde bereits 1691 in Weimar gegründet. Der damalige Herzog Wilhelm Ernst (1662-1728), eigenwillig, aber Bildung und Kultur sehr zugewandt, wollte seinen kleinen Staat zur Gelehrtenrepublik ausbauen und engagierte dafür den Gelehrten und Wittenberger Professor Konrad Samuel Schurzfleisch als Bibliothekar. Zu diesem Zeitpunkt befand sich die Bibliothek noch in drei Zimmern des Residenzschlosses, und hätte nicht Herzogin Anna Amalia ab 1761 die Verlegung der Büchersammlung in ein eigenes Gebäude, das damals keiner bestimmten Nutzung zugeordnete Grüne Schlösschen aus der Renaissance, betrieben, das in Sichtweite des Schlosses steht, so wäre auch die von ihr und ihrem Mann mit einem fixen Etat von 400 Reichstalern bedachte Büchersammlung 1774 beim Schlossbrand zerstört worden. Da Anna Amalia jedoch die Scheu der Bürger begriff, eine fürstliche Bibliothek in einem bewohnten Schloss zu benutzen, und da sie außerdem aus Wolfenbüttel die berühmte Bibliothek gut kannte, war der Schritt für sie nur logisch. Auch dass sie sich mit den Architekten selbst über die Pläne beugte, entsprach ihrem umfassenden Interesse für alle Facetten des kulturellen Lebens.

1766 war es so weit: Die Bibliothek öffnete ab sofort am Mittwoch und am Samstag, den Markttagen, ihre Pforten. Es gab Bibliothekare, und die Anzahl der vorhandenen Bände war im Vergleich zum Jahr der Gründung 1691 von 310 Bänden auf inzwischen 30.000 angestiegen.

Als Goethe nach Weimar kam, wurde er zunächst als Leser mit der Bibliothek bekannt. Er soll, wie Werner Deetjen im Vorwort zu Elise von Keudells verdienstvollem Buch von 1931[18] schreibt, jeden Tag seines Lebens zumindest einen »mittleren Oktavband« gelesen haben. Also war er damals mit Sicherheit ihr eifrigster Nutzer, wenngleich lange auch ein die Leihordnung und die Rückgabefristen nicht beachtender Leser. Einige entliehene Bücher bzw. Kunstwerke soll er 20 Jahre lang bei sich aufbewahrt haben …

Dass er der berühmteste Weimarer Bibliothekar war, wird zwar immer wieder behauptet, stimmt allerdings nicht: Er war in Wahrheit Bibliotheksdirektor, genau gesagt, übte er ab Dezember 1797 gemeinsam mit seinem Kollegen Christian Gottlob von Voigt die Oberaufsicht über die Bibliothek aus, wie es damals hieß. Das meinte administrative Entscheidungen wie etwa auch den Entwurf einer neuen Benutzungsordnung, in der die Leihbestimmungen in 16 handgeschriebenen Punkten geregelt waren. So hafteten Eltern für ihre (gymnasial beschulten, damals nur männlichen) Kinder, indem sie ihnen die schriftliche Leiherlaubnis erteil-

---

18 Werner Deetjen, »Vorwort«, in: Elise von Keudell, *Goethe als Benutzer der Weimarer Bibliothek*, Weimar, 1931, S. VII.

ten. Eine Vormerkung war möglich sowie bereits die Fern-
leihe, die etwa die Brüder Grimm hinsichtlich einer Min-
nesängerhandschrift nutzten. Ein Buch konnte für maximal
drei Monate ausgeliehen werden, wobei insbesondere Goethes alter Freund Herder die entliehenen Bücher gern bei
sich hortete. Ab sofort ließ Goethe auch Mahnschreiben
herausgehen. Goethe liebte die Bibliothek, in der auch Damen (35 Leserinnen waren eigens aufgeführt) ausleihen durften.

Aber es gab bereits zu seiner Zeit die Platzprobleme, die
dann im 19. und im 20. Jahrhundert immer gravierender wurden. Denn mit dem festen Etat und der gleichzeitig getätig-
ten privaten Ankaufspraxis der Herzogin und ihres Sohns
Carl August wuchsen die Bestände kontinuierlich. Auch
Goethe selbst gab viele Bücher in die Bibliothek. In seinem
Todesjahr 1832 waren schon 80.000 Bände zu beherbergen,
in den 1990er Jahren waren es dann knapp eine Million.

Bereits zu Goethes Zeiten wurde die Bibliothek zunehmend nicht nur als Bildungs- und Forschungsstätte begriffen, sondern auch als Memorialort und Museum erlebt und
aufgesucht. Zwar waren von jeher Kunstwerke dort zu sehen gewesen, doch Herzogin Anna Amalia hatte als Erste
begonnen, Büsten von kreativen und bedeutenden Mitmen-
schen anfertigen und dort aufstellen zu lassen, inklusive
ihrer eigenen Büste sowie der ihrer Hofdame Louise von
Göchhausen, durch deren Abschrift uns einzig der *Urfaust*
Goethes überliefert ist. Goethe selbst wie auch Schiller, Herder, Wieland und viele andere Weimarer Männer und Frau-

en, die geistig und künstlerisch tätig waren, sind hier in Büstenform oder Gemälden vereint, ein Pantheon des klassischen Weimar und ein in dieser Form in Weimar erdachtes Konzept, waren doch zuvor nur lange verstorbene Dichter und Denker, Fürsten und Feldherrn in Büstenform in Innenräumen dargestellt worden.

Dazu gibt es eine wahre Geschichte: 1826 wurde durch den damaligen Bürgermeister Weimars, Carl Leberecht Schwabe, Schillers angeblicher Schädel im Kassengewölbe auf dem Jakobsfriedhof ausgegraben. Man entschloss sich, diesen »auf der Bibliothek« in einem kleinen Schränkchen unter Schillers Büste von Dannecker zu »bestatten«, mangels eines anderen Gedenkorts für den 1805 verstorbenen Dichter der deutschen Freiheit. All das wurde mit einem Festakt verbunden, bei dem Schillers Sohn Ernst Goethes Sohn August in Vertretung seines Vaters den in blaues Papier eingeschlagenen Schillerschädel überreichte, da Goethe derartige Veranstaltungen nicht ertrug. Selbst bei der Aufstellung seiner eigenen Büste in der Bibliothek, angefertigt von Pierre Jean David d'Angers, an seinem Geburtstag am 28. August 1831, erschien das Vorbild, der sich selbst bereits historisch gewordene Dichter, nicht.

Ebenso wie Goethe beständig Lesestoff benötigte, brauchte er auch Anschauungsmaterial, und Schillers Schädel sollte ihm als solches dienen. Schon eine Woche nachdem der Schädel in der Bibliothek platziert worden war, ließ Goethe ihn sich nach Hause bringen, um ihn auf einem Samtkissen stehend und mit einem Glassturz überdeckt, ein Jahr lang bei sich zu belassen. Über seine Betrachtung schrieb er das Terzinengedicht *Bei Betrachtung von Schillers Schädel* und betrieb dabei, vermutlich der Objektivierung wegen, ostheologische Studien:

> *... wie mich geheimnisvoll die Form entzückte!*
> *Die gottgedachte Spur, die sich erhalten!*
> *Geheim Gefäß! Orakelsprüche spendend,*
> *Wie bin ich wert, dich in der Hand zu halten,*
> *Dich höchsten Schatz aus Moder fromm entwendend*
> *Und in die freie Luft zu freiem Sinnen,*
> *Zum Sonnenlicht andächtig hin mich wendend.*
> *Was kann der Mensch im Leben mehr gewinnen,*
> *Als dass sich Gott = Natur ihm offenbare?*
> *Wie Sie das Feste lässt zu Geist verrinnen,*
> *Wie sie das Geisterzeugte fest bewahre.*[19]

Ein Nachtrag zu Schillers Schädel: Goethe und alle damaligen Betrachter dieses Schädels irrten. Es handelte sich nicht um Schillers Schädel, sondern um den eines Unbekannten, wie eine aufwändige DNA-Analyse, angestoßen und finanziert durch die Klassik Stiftung Weimar, 2008 herausfinden konnte.

Auch die baulichen Gegebenheiten der Bibliothek wurden während der Goethe'schen Ägide erweitert: In den Jah-

---

19 Goethe, *Bei Betrachtung von Schillers Schädel*, in: *Werke*, HA Bd. 1, S. 366 f.

ren 1803 bis 1805 entstand in Zusammenarbeit zwischen Goethe und dem Berliner Architekten Heinrich Gentz, der ja auch beim Innenausbau des Residenzschlosses tätig war, auf der Südseite ein Erweiterungsbau, der das Bindeglied zwischen dem Grünen Schlösschen und dem alten Turm der Stadtbefestigung (heute Bibliotheksturm) bildete. Goethe hatte bei der Errichtung des Baus auch die Bauleitung inne. Der Turm selbst wurde dann 1825 nach Entwürfen des Stadtbaumeisters Carl Friedrich Steiner ausgebaut. Als wichtigstes »Erschließungsinstrument« gelangte damals eine Treppe in das Gebäude, die unter der Regie von Goethes Sohn August aus der Osterburg in Weyda ausgebaut wurde. Deren Spindel besteht aus einem einzigen langen Eichenstamm, und um ihn in Gänze zu erhalten, musste dem Turm eine ihn erhöhende Laterne aufgesetzt werden.

Zu Goethes 100. Geburtstag 1849 wurde dann der letzte, durch Clemens Wenzeslaus Coudray errichtete Erweiterungsbau auf der Nordseite des historischen Gebäudes feierlich eröffnet.

# 10. DAS FÜRSTENHAUS

Das Fürstenhaus gegenüber dem Residenzschloss wurde in den Jahren 1770 bis 1775 am heutigen Platz der Demokratie als Verwaltungs- und Versammlungsgebäude der Landstände errichtet. Früher war auf einem Teil der Grundfläche des Gebäudes der zum Grünen Schloss gehörende Garten gewesen, der jedoch schon Jahrzehnte zuvor abgebrochen worden war. Im Süden stieß das Gebäude an die mittelalterliche Stadtbefestigung. Schon von Beginn an zeichneten sich erhebliche Baumängel ab.

Herzog Carl August zog hier mit seiner jungen Frau Louise 1775 direkt nach der Hochzeit ein, notgedrungen, da das Schloss 1774 in Flammen aufgegangen war. Seitdem wird es als Fürstenhaus bezeichnet. Heute ist es das Hauptgebäude der Weimarer Hochschule für Musik Franz Liszt und bietet mehrmals wöchentlich während des Semesters Konzerte der Studierenden und Absolventen.

Wie darf man sich die Wohnsituation dort vorstellen? Was wissen wir über die Ehe von Carl August und Louise, der geborenen Prinzessin von Hessen-Darmstadt? Was wissen wir über Goethes Anwesenheit dort?

Da Goethe und der junge Herzog zu Anfang ihrer Freundschaft sehr viel Zeit miteinander verbrachten, war er natürlich auch sehr oft im Fürstenhaus und erlebte die schon bald entstehenden Differenzen zwischen dem jungen Carl August und seiner Frau, wenn der junge Mann manches Mal die zarten Gefühle seiner Gattin verletzte. Dabei musste Goethe oft als Schlichter eingreifen, auch betete er die ihm engelsgleich vorkommende Louise an und wünschte dem Paar baldigen Kindersegen.

Goethe kannte Louise bereits aus Darmstadt, aus dem Kreis um seinen Freund Merck. 1773 war die Prinzessin gemeinsam mit ihren beiden Schwestern und ihrer Mutter auf Einladung der Zarin Katharina II. nach St. Petersburg gereist. Beim Halt in Frankfurt sah Goethe daher die Prinzessinnen erneut und hatte insbesondere die zarte Louise von weitem angestaunt, als sie in den Wagen stieg, der sie ins Zarenreich bringen sollte.

Es war Goethes Freund Merck, der gemeinsam mit Wieland die Werbung des jungen Carl August um Louise einfädelte. Und Carl August gehorchte trotz seines jugendlichen Überschwangs dieser dynastischen Pflicht einer frühen und standesgemäßen Heirat widerspruchslos und warb um Louise, die für ihn einen anderen Bewerber aus Mecklenburg abwies.

Am 3. September 1775 erfolgte der Regierungsantritt, es war gleichzeitig der Geburtstag Carl Augusts. Einen Monat später, am 3. Oktober, fand die Hochzeit des Paars in Karlsruhe statt. Auf der Rückreise über Frankfurt traf das junge Paar erneut mit Goethe zusammen. Bei dieser Begegnung sprach Carl August seine magische dritte Einladung aus, der Goethe wenig später dann auch folgte.

Beim feierlichen Einzug des Paars in Weimar, unter Paraden zahlreicher Handwerkergruppen, Kaufmannsgilden und uniformierter Militärs war Louise jedoch zutiefst erschöpft und weigerte sich, das Volk zu begrüßen. Sie ließ sich von Anna Amalia auf ihre Zimmer im Fürstenhaus geleiten und war auch an den folgenden Tagen leidend, sehr zum Verdruss des jungen Ehemanns.

Louise besaß einerseits große Geistesgaben und lehnte jede Art von Selbstdarstellung ab, andererseits legte sie großen Wert auf ihren Status und dessen Respektierung, etwa in Form des Rockkusses. Dies könnte durchaus auch ein psychisch bedingter Kompensationswunsch für fehlende emotionale Zuwendung sein – denn zeit ihres Lebens sollte sie solche entbehren und umgekehrt auch nur schwer Gefühle zeigen können. Louise musste auch verkraften, dass sie mit Anna Amalia eine attraktive, geistig und künstlerisch rege und interessierte Schwiegermutter bekam, die vor allem, anders als sie selbst, bereits eine Regierung geführt hatte. Hier war Unterordnung für Louise geboten, beide Damen beschnupperten einander vorerst.

Immerhin gab es Menschen, mit denen sie sich rasch anfreundete, so in der ersten Zeit ihres Weimarer Lebens mit Charlotte von Stein. Deren extremes höfisches Geschick, aber auch ihre Lebenserfahrung durch eine unglückliche Ehe sowie ihre umfassende Bildung imponierten Louise. Von dieser Frau fand sie sich weitgehend verstanden, denn bald musste sie entdecken, dass Carl August kein treuer Ehemann war, sondern immer wieder andere Frauen umschwärmte, um nur so viel zu sagen, und dass er zugleich immer wieder Louises Feingefühl verletzte, indem er sich grobianisch

betrug und beispielsweise die schmutzigen Hunde in ihre sauberen Zimmer im Fürstenhaus brachte. Wie sollte eine Prinzessin, die nicht im Luxus groß geworden war, tolerieren, dass sich die Hunde, die sich auf schlammigen Wegen gewälzt hatten, in ihre frisch mit Seidenstoffen überzogene Sofas kuschelten oder wie eine wilde Meute sie selbst ansprangen?

Als Goethe einen guten Monat nach Louises Vermählung in Weimar ankam, war das für sie ein Segen, denn er erkannte sogleich den tiefen Riss, der bereits durch diese junge Ehe ging, die Fehler, die beide laufend machten, wegen ihrer Jugend zum einen, wegen der Unvereinbarkeit ihrer Charaktere zum anderen. Weder war Louise nachgiebig genug, um Carl Augusts Rücksichtslosigkeit zu verdauen, noch konnte er über ihre Fluchten in Krankheit oder Privatheit hinwegsehen, wenn er mit ihr an der Seite den Staat repräsentieren oder bei gesellschaftlichen Ereignissen glänzen wollte.

Das Fürstenhaus war der Ort, an dem diese Ehe gelebt wurde, wo Musik erklang und Feste gefeiert wurden, der Ort auch der »getrennten Gegenwart«. So hatte Goethe die Ehe der beiden von ihm geschätzten, ja geliebten Menschen auf den Begriff gebracht. Zu beiden hatte er eine je individuelle Beziehung entwickelt und versuchte die beiden so unterschiedlichen jungen Menschen zu verstehen. War er zugegen, so erstickte er die zwischen den beiden entstehenden Konflikte im Keim.

Im Stillen begriff er sich – und vielleicht hat dieser Aspekt einen Anteil an seinem Wunsch, in Weimar zu bleiben – als Louises Anwalt, als Vertreter ihrer Interessen bei Carl August. Seine Interventionen bot Goethe durchaus auch in dichterischer Form dar, etwa in Gestalt des Singspiels *Lila,* das in zarten Worten mehr Fröhlichkeit und Sinnlichkeit von Louise ersehnt. Das Thema der Nachkommenschaft war und blieb problematisch: Nur drei von Louises insgesamt sieben Schwangerschaften sollten zu gesunden Kindern führen, die die Kindheit überlebten, zwei Jungen und ein Mädchen, der Thronfolger Carl Friedrich, Prinzessin Caroline und Prinz Carl Bernhard. In diesen viermal leidvollen und dreimal freudigen Situationen erwies sich Carl August aber als ein liebevoller Ehemann und Vater. Alle sieben Geburten hat Louise im Fürstenhaus erlebt.

Leider zeigt kein Raum in der heutigen Musikhochschule Weimars heute noch den damaligen Zustand: Ab 1808 war es Sitz der Freien Zeichenschule, die ebenfalls von Goethe verwaltet wurde, ab 1816 Sitz des Landtages. Allein der heutige Konzertsaal erinnert noch an die frühere Nutzung als Hauptversammlungsraum. Außerdem kann auf das barocke Treppenhaus als bauzeitliches Element verwiesen werden.

# 11. DAS GARTENHAUS IM PARK AN DER ILM

Schon im Februar 1776 bietet Goethe auf den Garten am Stern samt Gartenhaus und Brunnen, der im »Weimarischen Wöchentlichen Anzeiger« seit Oktober 1775 zum Verkauf steht. Sein Gegenbieter ist kein anderer als Friedrich Justin Bertuch, der Schatullier und Geheime Sekretär des Herzogs. Wie so oft in diesen frühen Weimarer Jahren ist er Goethes Konkurrent. Der Herzog begriff rasch den Wunsch seines Freunds nach einem Ort fern der Stadt und in der Natur, verweist Bertuch auf ein anderes, weitaus größeres Grundstück in fürstlichem Besitz, das er ihm in Erbpacht überlässt – und kauft für Goethe den Garten am Stern (der Stern ist eine sternförmige Wegekreuzung im Ilmpark, unweit des Gartens). Vom 26. April 1776 an ist Goethe Besitzer des Gartens und bleibt es bis zum Lebensende.

Das wohl im späten 16. Jahrhundert erbaute Weinberghäuschen ist damals in marodem Zustand, der Garten hat in den letzten Jahrzehnten öfter den Besitzer gewechselt und wurde dabei erheblich verkleinert. Die letzte Besitzerin war verstorben, ihre Nachkommen konnten mit dem immer noch sehr großen Garten – er umfasst ca. 9.800 Quadratmeter – nichts anfangen.

Das alte Haus, das Goethe während so vieler Jahre aufnehmen sollte, wird sein Rückzugsort, der Dichter ist hier besonders produktiv: »Denn dabei bleibt es nun einmal: daß ich ohne absolute Einsamkeit nicht das Mindeste hervorbringen kann. Die Stille des Gartens ist mir auch daher vorzüglich schätzbar.«[20]

Im Gartenhaus entstehen seine Gedichte *An den Mond* und *Hoffnung*, die sich den Naturstimmungen verdanken, die er fern der Stadt besonders intensiv erlebt. Hier entstehen Teile des Romans *Wilhelm Meisters theatralische Sendung* sowie des Dramas *Iphigenie*, Entwürfe zu *Egmont* und *Tasso*, später dann Teile der *Italienischen Reise* sowie von *Wilhelm Meisters Wanderjahren*.

Aber es gibt auch Feste und zahlreiche Begegnungen mit Freunden; Kinder sind immer willkommen, sie dürfen an Ostern das Eiersuchen bei ihm feiern, das auch heute noch seinen Platz im Weimarer Veranstaltungskalender hat. Nicht zuletzt ist das Gartenhaus im Sommer 1788 der Ort des ersten Rendezvous mit der jungen Christiane Vulpius, die sich über Monate nur im Schutze der Nacht dorthin schlich.

Eckermann, Goethes rechte Hand und Chronist seiner letzten Lebensjahre, schreibt über seinen ersten Eindruck vom Gartenhaus: »Die weißgetünchten Außenseiten sah ich ganz mit Rosenhecken umgeben, die von Spalieren gehalten, sich bis zum Dache hinaufgerankt hatten ...«[21] Auch jetzt

20 Johann Wolfgang Goethe, *Gedenkausgabe der Werke, Briefe und Gespräche*, hrsg. v. Ernst Beutler, Zürich und Stuttgart, 1950-1971, Bd. 20, S. 741.
21 Johann Peter Eckermann, *Gespräche mit Goethe in den letzten Jahren seines Lebens*, S. 95.

noch finden wir ein verwunschenes Dornröschenhaus, das im unteren Drittel über und über von Kletterrosen bewachsen ist. Es muss wohl eine Rosa x francofurtana sein. Sie duftet fein und ist etwas ganz Besonderes, das letzte Wort zu ihr ist noch nicht gesprochen. Rosenexperten sind jedenfalls derzeit der Ansicht, dass es sich bei ihr höchstwahrscheinlich um die echte Rosa x francofurtana handelt. Sie ist gefüllt, zartrosa und duftet.

Die Kletterrose wurde zu jener Zeit in Deutschland rasch zur Modespalierrose, Goethes Verwendung an seinem Gartenhaus war der Ausgangspunkt: Hier rankte sie bis auf fünf Meter hoch, was auch für diese Rose eine außergewöhnliche Höhe darstellte. Bertuch, der einst unterlegene Gegenbieter auf den Garten, pries die Rosa x francofurtana, die er in seinem *Allgemeinen Teutschen Garten-Magazin* auch »Tapetenrose« nannte, viel später, 1804, als eine besonders hoch, bis 18 Fuß (also 4,80 m) rankende an.

Goethe entschied die Grundstruktur und die Ausstattung seines Gartens mit Pflanzen ganz allein: Die Haupttür (die nicht jene direkt vor dem Gartenhaus ist, sondern jene, die das Grundstück mittig erschließt) sollte einen geraden Weg nach oben einführen, der von jungen Linden, die Goethe auch gleich im ersten Jahr pflanzte, gesäumt wird. Auch heute steht dort wieder eine Lindenallee, die mit einer schönen Patenschaftsidee verbunden ist: Man konnte vor einigen Jahren zur Geburt eines Kindes solch einen Baum finanzieren, der dann den Namen des Neugeborenen trägt. Außerdem gab es in Goethes Garten ein traditionelles Bienenhaus:

Schon im November 1776 beschäftigte er sich damit, die Bienen in die Winterruhe zu bringen.[22]

Der untere Gartenteil war den Gemüsebeeten gewidmet, hier wurde unter anderem der von Goethe und Frau von Stein so geschätzte Spargel angebaut, daneben Kartoffeln, Blumenkohl, Mangold und »Meerkohl«, den er als eine neue Sorte kennenlernte, darüber hinaus Erdbeeren, Erbsen, Bohnen und Zwiebeln.

Die Gartenabteilung der Stiftung sieht eine solche Bewirtschaftung mangels täglich verfügbarer Arbeitskräfte derzeit als unmöglich an. Die Anmutung der vielfältig bepflanzten Nutzbereiche hat der heutige Besucher also nicht. Schöne und jahreszeitlich unterschiedliche Blumenbeete mit historisch verbürgten Pflanzen verwöhnen jedoch sein Auge. Weiter oben, am steilsten Stück des Gartens, der auch am wenigsten Sonne hat, sollte der englische Garten beginnen, mit Wegen, Sträuchern, Bäumen und Sitzplätzen sowie auch dem runden Steintisch mit der Sandsteinplatte. Und eine Terrasse höher liegt der Sitzplatz, den Charlotte von Stein so geliebt hat, von dem aus man einen herrlichen Blick auf den Garten und die Haupttür hat. Wie es zu der Zeit in Haus und Garten ausgesehen hat, als der Dichter das Ostereiersuchen für die Kinder seiner Freunde veranstaltete und Spargel aufgetischt wurde, wissen wir nicht, aber später beschreibt Eckermann das Haus:

---

22 Dorothee Ahrend und Gertraud Aepfler, *Goethes Gärten in Weimar*, Leipzig 1994 (4. Aufl. 2009), S. 20.

»Wir traten in die Nähe des Hauses, das er seinem Diener aufzuschließen befahl, um mir später das Innere zu zeigen. Die weißgetünchten Außenseiten sah ich ganz mit Rosenstöcken umgeben, die, von Spalieren gehalten, sich bis zum Dache hinaufgerankt hatten ... Goethe führte mich daraufhin in das Innere des Hauses, das ich vorigen Sommer zu sehen versäumt hatte. Unten fand ich nur *ein* wohnbares Zimmer, an dessen Wänden einige Karten und Kupferstiche hingen, desgleichen ein farbiges Porträt Goethes in Lebensgröße, und zwar von Meyer gemalt, bald nach der Zurückkunft beider Freunde aus Italien. Goethe erscheint hier im kräftigen mittleren Mannesalter, sehr braun und etwas stark ... Wir gingen die Treppe hinauf in die oberen Zimmer; ich fand deren drei und ein Kabinettchen, aber alle sehr klein und ohne eigene Bequemlichkeit. Goethe sagte, dass er in früheren Jahren hier eine ganze Zeit mit Freuden gewohnt und sehr ruhig gearbeitet habe.«[23]

23 Johann Peter Eckermann, *Gespräche mit Goethe in den letzten Jahren seines Lebens*, S. 95.

# 12. DER PARK AN DER ILM

»Der Stolz Weimars […] ist ohne Zweifel der berühmte Park an der Mittagsseite der Stadt, welcher schon von Ferne mit einem Teil seiner Schönheiten und Reize in die Augen fällt. Wer staunt nicht in der Nähe über diese herrliche Schöpfung von Natur und Kunst? Wer bewundert nicht die große glückliche Anlage derselben im Ganzen und Einzelnen?«[24]

Als Goethe Ende 1775 in Weimar ankam, gab es den Park noch nicht, und er ist wie auch der Wiederaufbau des Schlosses als ein Ergebnis der Zusammenarbeit zwischen Herzog Carl August und ihm sowie als Drittem dem bereits erwähnten Schatullier des Herzogs, Friedrich Justin Bertuch, anzusehen.

Anders als in Wörlitz, das die drei besucht hatten, wurde in Weimar kein professioneller Landschaftsarchitekt eingesetzt. Gleichwohl hatten alle von ihren Reisen nach Wörlitz stark profitiert und auch andere neue Gartenanlagen besichtigt, wie etwa die von Kassel-Wilhelmshöhe, Berlin, Dresden sowie, was Goethe anging, solche in Italien. Aber anders als bei diesen großen Parks, die von einer Gesamtanlage ausgingen, war das Konzept, dem Goethe (wie in allem) huldigte, das der organischen Entwicklung: Eines sollte aus dem anderen folgen. Insbesondere stand der Park in Weimar schon

---

24  Joseph Rückert, *Bemerkungen über Weimar 1799*, Hrsg. v. Eberhard Haufe, Weimar 1969, S. 11 f.

früh einem breiten, meist bürgerlichen Publikum offen und wurde so zum Schauplatz ausgelassener Geselligkeiten. Das ließ ihn zu einem Ort werden, der bald über die Grenzen Weimars hinaus bekannt wurde, nicht zuletzt durch die Kupferstiche und Zeichnungen des Hofmalers Georg Melchior Kraus.

Große Gärten gab es in Weimar schon seit der Renaissance, aber auch auf diesem Sektor herrschten Moden. In der Barockzeit waren sie umgestaltet worden. Ursprünglich handelte es sich um Schlossgärten, die unmittelbar an die Wilhelmsburg angrenzten und daher zunächst nicht öffentlich zugänglich waren. Nach Süden reichten sie lediglich bis zum sogenannten »Stern«. Auch das Grüne Schlösschen besaß bis 1733 einen Garten, und es gab noch den »Welschen Garten« (benannt nach den welschen oder italienischen Gärtnern, die ihn zunächst pflegten), einen sechs Hektar großen Bereich, den man sich zwischen der heutigen Ackerwand, dem Steilhang der Ilm zwischen dem Haus der Frau von Stein, der heutigen Marienstraße und dem Beethovenplatz vorstellen muss. Dieser Garten war zu zwei Dritteln ein Nutz-, zu einem Drittel ein Lustgarten, der 1720 ebenfalls barock umgestaltet wurde. In dessen Mitte befand sich die damals wohlbekannte Schnecke, ein aus beschnittenen Linden und einer Holzkonstruktion bestehendes, schneckenförmig sich nach oben windendes Gebäude, das als Aussichts- und Ruhepunkt diente. Wegen Baufälligkeit musste es allerdings 1808 abgebrochen werden.

Die übrigen heute dem Park zugehörigen Gebiete waren

damals Äcker und Wiesen. Die Entscheidung, einen Großteil der vormals im Residenzschloss angesiedelten Aktivitäten des Hofs in die freie Natur zu verlegen, hatten Goethe
und Carl August quasi notgedrungen getroffen, da sie kein
Schloss mehr zur Verfügung hatten und außerdem beide
große Freunde der Freiluftaktivitäten Laufen, Reiten, Schwim-
men und Schlittschuhlaufen waren. Das Rousseau'sche Ideal
der Naturbegeisterung kam hinzu. Praktiziert wurde das
winterliche Schlittschuhlaufen auf dem Schwanseeteich, zu
Karneval fuhr man maskiert in Schlittenkorsos durch die
Landschaft, sommers frönte man dem Liebhabertheater auf
den Landsitzen Tiefurt und Ettersburg. Schließlich wurde
der Park in die Aktivitäten einbezogen, als Goethe in Erman-
gelung der Räumlichkeiten des Schlosses Ersatz für zwang-
lose Zusammentreffen der Hofgesellschaft suchte.

Zugleich waren die Aktivitäten im Park aber auch Teil
eines vielleicht eher intuitiv vorgenommenen Erziehungs-
programms Goethes für den Herzog: Er wünschte ihm eine
bewusstere Wahrnehmung der ihn umgebenden Natur,[25]
aber auch eine stärkere Berücksichtigung der nichtadligen
Bevölkerung. In diesem Sinne setzte er durch, dass Mitte der
1780er Jahre die Umfassungsmauern der barocken Schlossgärten abgetragen wurden, um die Gärten in einen Park
der Empfindsamkeit zu verwandeln, wie ihn der Garten-

---

25 Vgl. diesen Zusammenhang bei Susanne Müller-Wolff, *Ein Landschaftsgarten im Ilmtal: Die Geschichte des herzoglichen Parks in Weimar*, Köln, Weimar, Wien 2007.

theoretiker Christian Cay Lorenz Hirschfeld zwischen 1775 und 1785 immer wieder beschrieben hatte. 1795, also zwanzig Jahre nach seiner Ankunft in Weimar schrieb Goethe über den Ilmpark, mit dem er sich nun schon lange und intensiv beschäftigt hatte: »Die Parkanlage ist eine der gelobtesten in Deutschland, sie wird von den Einheimischen mit Vergnügen, von den Fremden mit Bewunderung besucht. Wohlgewählte Kupfer, Zeichnungen und Beschreibungen werden sie immer bekannter und angenehmer machen.«[26] Dass Goethe diesen Park liebte, steht außer Frage.

26 Goethe, *Über die verschiednen Zweige der hiesigen Tätigkeit [November 1795]* in: *Sämtliche Werke,* MA, 4.2, S. 872-883, hier S. 877.

# 13. DAS FELSENTOR ODER NADELÖHR

Im Jahre 1778 gab es fast täglich Proben zu Theaterstücken und Balletten, an denen Goethe und alle jungen Damen und Herren am Hof teilzunehmen hatten. Schon im Januar kam Goethes *Proserpina* zur Aufführung, eine »scène lyrique« für Herzogin Louises Geburtstag, die er später in seine Farce *Triumph der Empfindsamkeit* einfügte. Auch das Stück *Die Gouvernante* nach französischer Vorlage in der Bearbeitung von J. J. Christoph Bode kam zur Aufführung, mit Herzogin Anna Amalia als Mitspielerin, ebenso *Orpheus und Eurydice*, eine Parodie der Hofleute von Einsiedel und von Seckendorff auf Wielands *Alceste*. Der Page von Lyncker schrieb damals: »Dergleichen Übungen wurden gewöhnlich unter Goethes und Siegmund Seckendorffs Direktorium in einem Saale der Wohnung der Frau v. Stein gehalten.«[27]

Christiane Henriette von Laßberg gehörte zu den begeisterten jungen Tänzerinnen und versäumte im kalten Januar 1778 erstmals eine der Proben. Die Eltern vermissten sie nach ihrer Rückkehr von einer längeren Abwesenheit an diesem Tag, und man suchte nach ihr.

In Goethes Tagebuch liest sich das dramatische Ereignis so: »Ward Cristel v. Lasberg in der Ilm vor der Floßbrücke unter dem Wehr von meinen Leuten gefunden, sie war

27  Karl Frhr. v. Lyncker, *Am weimarischen Hofe unter Amalien und Karl August*, hrsg. v. Marie Scheller, Berlin 1912, S. 65 f.

Abends zuvor ertrunncken. Ich war mit Jupiter [d. i. Carl August] auf dem Eis. Nachmittags beschäfftigt mit der Todten die sie herauf zu Frau von Stein gebracht hatten. Abends zu den Eltern.«[28]

Die Floßbrücke ist nicht weit von Goethes Gartenhaus entfernt. Christiane trug ein Exemplar des *Werther* in der Tasche ihres Kleids, als sie gefunden wurde. Goethe beschäftigte sich lange mit diesem Ereignis. Die junge Frau war unglücklich verliebt gewesen und hatte sich den Werther zum Vorbild genommen … hatte er sich Derartiges vorstellen können, als er das Buch verfasste?

Er selbst war durch die Abfassung des Buchs geheilt aus dem persönlichen Drama seiner Liebe zu Charlotte Buff in Wetzlar hervorgegangen. Das ging aber Christiane von Laßberg und vielen anderen jungen Menschen, die den *Werther* in einer unglücklichen Liebessituation in die Hände bekommen hatten, anders. Heute ist ein solcher Suizid gar unter dem Namen »Werther-Effekt« bekannt: Gemeint ist ein durch Medien egal welcher Art hervorgerufener Nachahmungstrieb in Analogie zu dem Selbstmordwunsch der literarischen Figur des Werther.

Goethe reagierte damals spontan. Er wollte einen Erinnerungsort stiften für die unglückliche Christiane und schon am Abend nach ihrem Tod begann er, gemeinsam mit dem Hofgärtner Gentzsch und anderen Helfern, am westlichen Ilmufer eine Grotte in den abschüssigen Felsengrund zu

28 Goethe, *Tagebücher,* in: *Werke,* WA I, 1, S. 60.

treiben. Dazu schreibt er an Charlotte von Stein am 19. Januar: »Es waren Arbeiter unten, und ich erfand ein seltsam Plätzgen wo das Andencken der armen Christel verborgen stehn wird. [...] man übersieht von da, in höchster Abgeschiedenheit, ihre letzten Pfade und den Ort ihres Tods. Wir haben bis in die Nacht gearbeitet, zuletzt noch ich allein bis in ihres Todtes Stunde, es war eben so ein Abend.«[29]

Entstehen sollte das Nadelöhr oder Felsentor, das Goethe in der Zeit danach weiterentwickelte, indem ein dort einmal befindlicher Steinbruch ausgehöhlt wurde. Schließlich hat er die Felsentreppe gezeichnet, aber erst der Aufenthalt in Wörlitz im Mai 1778 veranlasste Goethe zur Anlage des Felsentors an der Stelle der Grotte. Das Labyrinth in Wörlitz mit seinen sich verengenden Felswänden war vermutlich die entscheidende Anregung für ihn, sich im Sommer 1778 erneut mit dem Umbau des Ilmparks zu beschäftigen. Links und rechts der Treppe gab es Felsen, es galt lediglich, einen großen Natursteinblock als »Tor« aufzusetzen, um so das Felsentor oder Nadelöhr fertigzustellen. Für Goethe war damit gewissermaßen für den von oben nach unten Schreitenden der Zugang zum Totenreich eröffnet, so wie es in seiner Vorstellung für Christiane von Laßberg gewesen war. Jenseits der Ilm erschlossen sich jedoch dem Spaziergänger nach dem Eintreten in die Düsternis erneut heitere Gefilde. Man konnte also beim Spazieren im Park ganz unterschied-

---

29  J. W. von Goethe an Charlotte von Stein, Weimar 19. Januar 1778, in: *Werke*, WA, IV, 3, S. 207 f.

liche Gefühlsregungen erleben, genau wie es die damalige Zeit, auch Empfindsamkeit genannt, es sich wünschte.

## 14. DAS LOUISENKLOSTER ODER BORKENHÄUSCHEN

Seit Beginn seines Aufenthalts in Weimar war Goethe in die Gestaltung der Festlichkeiten des Hofs und die Aktivitäten des Liebhabertheaters eingebunden. Insbesondere für Herzogin Louise wünschte sich der Herzog oft Vergnügungen, um sie anzuregen und ihr mehr Lebensfreude zu vermitteln. Dem entsprach Goethe sehr gern und plante zu ihrem Namenstag im Juli 1778 ein Fest. Ursprünglich hätte ein großes Essen im »Stern« genannten Teil des Parks unweit des Schlosses stattfinden sollen, doch hatte ein Sommerunwetter unmittelbar vor dem Termin das Terrain dort derartig verwüstet, dass man nicht mehr daran denken konnte, an diesem Platz zu feiern.

Der Dichter sann auf Abhilfe und inspizierte höhergelegene Örtlichkeiten am westlichen Ilmufer: »Damals führte schon, von dem Fürstenhause her, ein etwas erhöhter Weg, den die Fluth nicht erreichte, an dem linken Ufer der Ilm unter der Höhe weg; man bediente sich aber desselben nur um an den schon eingerichteten Felsenplatz, sodann über die damalige Floßbrücke […] in den Stern zu gelangen.«[30]

Goethe hatte sich für das Fest am 9. Juli nun einen ebenen Platz in der Nähe der Felsentreppe ausgesucht und wollte dort ausgehend vor einem unbenutzten Pulvertürmchen

30 Goethe, *Das Luisenfest*, in: *Sämtliche Werke*, MA, 18.2, S. 333

ein kleines Häuschen oder Kloster errichten lassen. Inspiriert dazu hatte ihn das Titelkupfer von Wielands Roman von 1770, *Sokrates mainomenos oder die Dialogen des Diogenes von Sinope.*[31] Die darauf als Tonne des Diogenes vorgestellte Konstruktion einer Hütte mit einem Spitzdach aus Reisig in der Illustration von Adam Friedrich Oeser ließ er als Borkenhäuschen flugs nachbauen.

Nicht nur die Herzogin Louise, auch Wieland war von dem Borkenhäuschen so entzückt, dass er schwärmerisch bekannte: »Ich hätte Goethen vor Liebe fressen mögen.«[32] Das Borkenhäuschen ist heute noch vorhanden, wenngleich für Besucher nicht geöffnet. Der damalige Pulverturm jedoch, an den es angebaut wurde, und die sich anschließende, von Goethe zur gotischen Ruine umgedeutete Mauer, aus der in rascher Eile die gesamte Einsiedelei, das sogenannte Louisenkloster, entstanden war, stehen nicht mehr. Derartige Gebäude hatte der Gartentheoretiker der damaligen Zeit, Christian Cay Lorenz Hirschfeld, in seiner *Theorie der Gartenkunst* von 1775 und in seinen *Anmerkungen über die Landhäuser und die Gartenkunst* von 1773 beschrieben.

Ein Schritt zurück in die damalige Zeit: Als die Hofgesellschaft am 9. Juli 1778 an der Schlossbrücke eintraf, im Glauben, man würde in dem verwüsteten Areal des Sterns

---

31 Das erste Exemplar wird in der Herzogin Anna Amalia Bibliothek in Weimar aufbewahrt.
32 Christoph Martin Wieland, *Gesammelte Schriften*, Berlin 1909 ff., S. 114.

essen müssen, empfing sie eine Gruppe als Mönche verkleideter Laienschauspieler, die ein von dem literaturbegeisterten Kammerherrn von Seckendorff verfasstes Dramolett aufführten, in das sie die Gäste mit einbezogen. Diese wurden zunächst in das Kloster bzw. Borkenhäuschen geführt: »… darinnen war eine Tafel serviret mit 6 irdenen Tellern und dergl. Schüsseln benebst bleyernen Löffeln […] und speißeten allda eine Bier Kalteschale, nun wurde die Closter glocke geläutet, […] die Thüre wurde geöffnet und Durchl. Herzogin sahen mit Verstaunen eine schöne Fürstl. Tafel serviret wobey sich eine Music mit Trompeten und Pauken hören ließe«.[33]

Abweichend vom Fourierbuch hat Goethe die Darsteller in anderer Erinnerung. Einig sind sich aber beide Quellen, dass Herzog Carl August, dessen Bruder Constantin und Goethe selbst drei der Klosterbrüder darstellten.

Im Stück wird die Lebensweise der Mönche, die stark an den natürlichen Gegebenheiten orientiert ist, mit der Langeweile und Vergnügungssucht des Hofs kontrastiert, eine Reminiszenz an den von allen Gebildeten am Hof verehrten Rousseau. Herzogin Louise ist begeistert. Es ist eine märchenhafte Inszenierung an einem eigens dafür geschaffenen Ort. Goethe selbst resümiert das Ereignis: »Das Ganze war künstlerisch abgeschlossen, alles Gemeine durchaus beseitigt; man fühlte sich so nah und fern vom Hause, dass es

---

33 Landesarchiv Thüringen Weimar, HA E Nr. 27, Bl. 62 f. (Fourierbuch).

fast einem Märchen glich.«[34] Im Dramolett Seckendorffs hieß Goethe übrigens »Pater Decorator« und wird eigens als Gartengestalter gelobt. Auch hat Goethe das Louisenkloster, auf das er stolz war, in mehreren Zeichnungen festgehalten.[35]

Carl August liebte das Borkenhäuschen seitdem, und er zog sich sommers gern dorthin zurück, aber auch die Hofgesellschaft insgesamt suchte den Platz immer wieder auf.

34 *Werke,* MA, 18.2, S. 339.
35 Abb. Louisenkloster im Weimarer Park, um 1778 oder auch: Louisenkloster und Floßbrücke im Weimarer Park, um 1778.

## 15. DER SCHLANGENSTEIN

Ein in besonderer Art auf Goethe verweisender Ort im Park ist der sogenannte Schlangenstein, den Herzog Carl August während Goethes Italienreise durch den Hofbildhauer Klauer gestalten und errichten ließ. An einer Wegbiegung südlich vom Louisenkloster, wo sich der Weg zu einem kleinen Platz ausweitet, war der Künstler im Frühjahr 1787 tätig.

Der Schlangenstein gleicht einem antiken Rundaltar. Damit verweist seine Form auf das Eintauchen in die antike Welt, die Goethe damals in Rom, Neapel und Sizilien erlebte und dem Herzog in immer neuen Briefen aus Italien begeistert schilderte. Carl August wollte diese Eindrücke der Antike, die er ja lediglich aus der Literatur kannte, vor Ort auf seine Weise nachempfinden und Goethe damit erfreuen: Arkadien in Weimar.

Eine attische Basis trägt einen Zylinder, eine Platte schließt den Denkmalkorpus ab. Eine steinerne Schlange windet sich um den Stein. Sie ist dabei, eines der beiden ebenfalls in Stein gehauenen Brote zu verschlingen. Im oberen Teil des Steins liest man die Inschrift in römischen Majuskeln: GENIUS HUIUS LOCI.

Die Schlange wurde in der römischen Antike als Haustier gehalten und galt als ein Schutzgeist; ihr wurden die Fähigkeiten der Erneuerung, Fruchtbarkeit und Heilkraft (Asklepius-Schlange) zugeordnet. Auch bei Piranesi, den Goethe schon vor seiner Italienreise kannte, gibt es unter seinen römischen Veduten jene eines Rundaltars, um den sich eine Schlange windet. Ein Stichwerk, erschienen ab 1757 in acht Bänden, das die Funde aus Herculaneum abbildete, war durch die Bibliothek angekauft worden und diente dem Herzog offenbar als Vorlage für das Monument im Weimarer Park.[36]

Auf dem antiken Gemälde wurde die Schlange selbst mit dem Schutzgeist identifiziert. In der in Weimar gewählten Abwandlung der antiken Inschrift kommt der Wunsch Carl Augusts zum Ausdruck, den Stein dem »Genius Loci« des Orts, dem inzwischen vielfach umgestalteten Landschaftspark nach englischem Vorbild, zu widmen. Außerdem gibt es eine direkte Sichtbeziehung zwischen dem ursprünglichen Aufstellungsort des Schlangensteins – heute steht hier eine Kopie des Monuments – und Goethes Garten im Park, wo sich das Original heute befindet.

Nicht zuletzt ist denkbar, dass Carl August seinen Freund Goethe als den Schutzgeist des Parks ansah, denn er verdankte dem älteren Freund generell die Einsicht in die Bedeutung von Landschaften und die kenntnisreiche Verehrung von Naturschönheit und -besonderheit, wie sie der Dichter dem Fürsten insbesondere auf der gemeinsamen Schweizreise 1779 nahebringen konnte.

Mit dem Schlangenstein hat der Herzog das erste einer klassizistischen Bildsprache und -aussage verpflichtete Kunst-

---

36 Vgl. diesen Zusammenhang bei Susanne Müller-Wolff, *Ein Landschaftsgarten im Ilmtal*, S. 158 ff.

werk beauftragen lassen. Insofern steht dieses Gartendenk-
mal für einen Übergangspunkt: Die Zeit des Parks der Empfindsamkeit ist vorbei, die strengere klassizistische Gestaltung
beginnt sich bald nach Goethes Rückkehr aus Italien durchzusetzen.

# 16. DAS RÖMISCHE HAUS

Goethe hatte in Italien die Antike studiert und brachte die Ideale dieser Epoche in all ihren Ausrichtungen, gerade auch in der Architektur und bildenden Kunst, nach Weimar zurück: Das Römische Haus ist das erste klassizistische Gebäude Weimars. Auch seine Planung verdankt sich der Freundschaft zwischen Goethe und Carl August.

Nachdem Goethe bereits auf die Italienreise 1786 den Wunsch des Herzogs mitgenommen hatte, den Landhausstil zu studieren, wie er von Palladio zur Vollendung gebracht wurde, war die Umsetzung des vom Herzog gewünschten Baus wegen der leeren Kassen in Weimar zunächst weiter aufgeschoben worden.

Der von Carl August beauftragte Hamburger Architekt Arens hatte diesem schon 1788 in Rom erste Pläne zu dem Haus vorgelegt. Da der Architekt zudem für den Wiederaufbau des Residenzschlosses engagiert worden war, erschien es vielversprechend, ihn das Römische Haus gewissermaßen als ein Nebenprodukt planen zu lassen. Weil er aber wegen anderer, lukrativerer Aufträge 1791 zum letzten Mal Weimar besuchte, musste das Römische Haus, das jetzt für den Herzog als Bauaufgabe in den Vordergrund trat, in anderer Regie entstehen. Alle Pläne von Arens sollten aber Berücksichtigung finden. Friedrich Justin Bertuch fungierte damals als von Carl August eingesetzter »Bauleiter«. Der Grundstein war am 28. März 1792 gelegt worden, das Richtfest

feierte man am 3. September 1794, dem 37. Geburtstag des Herzogs.

Dem Dresdner Hofbaumeister Schuricht wurde der Innenausbau anvertraut, auch er kannte wie Arens London, Paris und Italien. Insbesondere hatte er Hirschfelds Buch *Theorie der Gartenkunst* mit architektonischen Kupferstichen bereichert, war also blendend auf die Aufgabe vorbereitet: Wand- und Deckengestaltung sowie die Inneneinrichtung gingen wesentlich auf ihn zurück, auch waren seine Angaben für den plastischen Schmuck im und am Haus zielführend. Johann Heinrich Meyer, Goethes Freund aus der Schweiz, kopierte im Auftrag des Herzogs 1794 in Dresden Annibale Carraccis *Genius des Ruhms* als Deckenschmuck für das Römische Haus. Noch ein halbes Jahr nach dem Einzug des Herzogs in das Haus im Juli 1797 wurde an der Innenausstattung gearbeitet.

Für Goethe waren vor allem die Begegnungen mit Palladios Bauten, Vitruvs Architekturtheorie sowie mit den Tempeln von Paestum die beeindruckendsten Anregungen in Italien, die ihn zu seiner neuen Antikenauffassung und ihrer Vermittlung in den Gesprächen mit Arens bei der Planung des Römischen Hauses gebracht hatten: Denn auch Arens' Entwurf basierte auf Goethes Ideen, der vor allem die dorische Säulenordnung als unmittelbar mit der Natur verbunden ansah. Derart prominent kommen die Dorica auch einher bei diesem Gebäude.

Für den Herzog wurde sein Römisches Haus, das wiederum in direkter Sichtbeziehung zum Gartenhaus seines

Freundes auf einem erhöhten Platz steht, neben der Funktion als Rückzugsort außerdem zu einer kleinen Residenz. Wie wichtig Goethe gerade die Sichtbeziehungen bzw. die Aussichten in Landschaftsräume waren, wird an verschiedenen Stellen seines Werks deutlich, besonders stark aber in den *Wahlverwandtschaften*, wo es um genau dieses Thema bei der Planung der Anlagen rund um das Schloss von Baron Eduard geht:

»Die von dem Hauptmann entworfene Karte zum Grunde zu legen, war nunmehr eine angenehme Beschäftigung; nur konnte man sich von jener ersten Vorstellung, nach der Charlotte die Sache einmal angefangen hatte, nicht ganz losreißen. Doch erfand man einen leichtern Aufgang auf der Höhe; man wollte oberwärts am Abhange vor einem angenehmen Hölzchen ein Lustgebäude aufführen; dieses sollte einen Bezug aufs Schloß haben; aus den Schloßfenstern sollte man es übersehen, von dorther Schloß und Gärten wieder bestreichen können.«[37]

Eindeutig weist das Römische Haus Tempelcharakter auf: Man betritt es auf der Westseite und gelangt durch eine offene Halle in das Innere, ein Vestibül empfängt den Besucher, es folgt ein Salon, es gibt ein Arbeitszimmer und einige Nebenräume.

Unterhalb des Hauses stehen die Felsen der sogenannten »Kalten Küche«, wo bereits 1782, während der ersten Parkgestaltungsmaßnahmen, folgendes Distichon Goethes ein-

37 *Werke,* HA, Bd. 6, S. 288.

gemeißelt wurde, das, wie auch der Schlangenstein, auf den heilsamen Einfluss des Parks, der Natur, für den mit ihr in Kontakt Tretenden verweist:

*Die ihr die Felsen und Bäume bewohnt, o heilsame Nymphen,*
*Gebet jeglichem gern, was er im Stillen begehrt!*
*Schaffet dem Traurigen Mut, dem Zweifelhaften Belehrung,*
*Und dem Liebenden gönnt, dass ihm begegne sein Glück.*
*Denn Euch gaben die Götter, was sie den Menschen versagten,*
*Jedem, der Euch vertraut, hülfreich und tröstend zu sein!*[38]

Das Römische Haus und seine besondere Position am Rande des Ilmparks steht für eine italienisch inspirierte Architektur, die ihresgleichen in Deutschland sucht und geradezu paradigmatisch für die Italiensehnsucht der Deutschen am Ende des 18. Jahrhunderts steht. Zweifellos war das Römische Haus für Goethe eine glückhafte Reminiszenz an seinen unvergesslichen Italienaufenthalt 1786 bis 1788.

38  Ebd., Bd. 1, S. 204 (*Einsamkeit*).

# 17. DAS TEMPELHERRENHAUS

An der Stelle des heute im Ilmpark westlich und oberhalb vom Nadelöhr anzutreffenden Gebäudes muss man sich das Orangenhaus des Welschen Schlossgartens der Barockzeit denken, das bereits 1670 entstand und 1786 bis 1787 für gesellige Zusammenkünfte des Hofs umgebaut wurde.

Zu Beginn des Jahres 1786 gestaltete Carl August das Orangenhaus um, also erst nach Einbeziehung von Teilen des Welschen Gartens in den neu entstandenen Landschaftspark. Jetzt entstand unter dem Hofbaumeister Steiner ein Saalbau mit Spitzbogenfenstern, Zinnen und Treppengiebeln. Es gab wohl auch gläserne Türen, und der Hofbildhauer Klauer war beauftragt, hölzerne Figuren zu verfertigen, die Ende Mai 1788 dort angebracht wurden. Als Templer trugen sie weiße Gewänder mit roten Kreuzen.

Das Gebäude führte zunächst den Namen *Salon*. Später wurde es auch *Gotische Kapelle* oder *Gotisches Gebäude* genannt, um auf die Zeit des Tempelritterordens zu verweisen. Offenbar hatte das Gotische Haus in Wörlitz Carl August zu dieser Schöpfung angeregt, als er seinen Freund Franz von Anhalt-Dessau gemeinsam mit Goethe in Wörlitz besuchte. Beide Fürsten hatten sich sowohl über politische Fragen, etwa den Fürstenbund, verständigt als auch immer wieder über die eigene Herkunft ausgetauscht. Die Aufnahme der Gotik sollte einen Hinweis auf die ehrwürdige Herkunft ihrer beider Fürstengeschlechter darstellen.

Das Tempelherrenhaus wurde von allen Gebäuden im Park zwar am wenigsten von Goethe selbst inspiriert und in seinem Entstehen begleitet, dennoch hat er sich sehr häufig dort aufgehalten, denn die Hofgesellschaft trank Tee im Tempelherrenhaus, spielte oder tanzte.

Interessant ist in diesem Zusammenhang die Beziehung der Freimaurer zu den Templern: Auf diesen 1308 erloschenen Orden beriefen sich nämlich die 1764 dem *Orden der strikten Observanz* angehörigen Freimaurer, zu der auch die Logenbrüder Weimars aus der *Loge Anna Amalia zu den drei Rosen* gehörten. War ein Freimaurer dieses Ordens adlig, so sah er sich selbst als Tempelherr und in der Rittertradition stehend, vor allem, da durchaus Analogien gesellschaftlicher und politischer Art zwischen den Zeiten der Templer und der Zeit, in der die Loge entstand, bestehen. Für Carl August war das die Motivation, die Figuren der Tempelherren an diesem Gebäude anbringen zu lassen, denn die Ideale der Tempelritter waren ihm sehr wichtig.

Somit waren die 1788 als bekrönende Figuren angebrachten Tempelritter eine Reminiszenz an jene Zeiten und ihren Geist; Logenmitglieder haben dort aber niemals getagt.

1811 wurde das ursprüngliche Gebäude abgebrochen und an seiner Stelle ein neugotisches Gewächshaus errichtet. Erneut fanden die Tempelritterfiguren hier Aufstellung. 1816 / 1817 wurde das turmartige Tempelritterhaus als Aussichtspunkt ausgebaut. Dabei wirkte Goethe als Berater mit und fertigte auch Entwurfszeichnungen an.

1821 / 1823 wurde es zum Sommersalon umgebaut, seitdem wird es als »Tempelherrenhaus« bezeichnet. Die Tempelritterfiguren wurden nun (bis 1830) durch Johann Peter Kauffmann in Steinausführung neu angefertigt.

Johannes Itten hat hier von 1919 bis 1923 im Rahmen seiner Bauhaus-Verpflichtung als Meister und Leiter des Bauhaus-Vorkurses ein Atelier benutzt.

Im Februar 1945 erlitt das Tempelherrenhaus starke Bombenschäden und ist seitdem eine Ruine.

# 18. DIE PARKHÖHLE

Bei diesem unterirdischen Museum handelt es sich strenggenommen nicht um eine Höhle, sondern um eine bergbauliche Anlage. Sie geht zurück auf den Wunsch von Herzog Carl August, eine Brauerei mit einem Felsenkeller anzulegen. Doch zum Bau der Brauerei sollte es nie kommen. Die Anlage der unterirdischen Stollen geht auf die Jahre 1794 bis 1797 zurück, als der Herzog einen Stollen zur Abwasserableitung auffahren ließ, der von einem heute nicht mehr zugänglichen Felsenkeller an der Belvederer Allee zum Nadelöhr an der Ilm führte. Dieser Stollen war 500 Meter lang, und durch den Abbau von Sand und Kies im Untergrund in den Jahren bis 1815 entstand ein weitverzweigtes System von Gängen und unterirdischen Gelassen.

Der Felsenkeller diente als Lager für Kohle und Bier für den Hof. Außerdem wurde er als unterirdischer Wandelgang im Rahmen von Geselligkeiten genutzt. Hierzu gibt es allerdings keine genauen Quellen. Letzte Instandsetzungsarbeiten an diesem Gebäude erfolgten 1831, da war Herzog Carl August schon seit drei Jahren tot. Es handelt sich bei dieser Anlage um das einzige noch zugängliche untertägige bergbautechnische Denkmal im damaligen Fürstentum Sachsen-Weimar, das aus der Goethe-Zeit noch existiert.

Heute zeigt das Museum Parkhöhle vor allem das Engagement Goethes und seines Sohnes August für die Erforschung der Weimarer Travertine, eines Tuffgesteins also, mit dem viele ältere Häuser der Stadt entweder errichtet oder im Fundament gefasst sind. Im Zweiten Weltkrieg hat man die Anlage der Parkhöhle dann bunkerartig zu Luftschutzzwecken ausgebaut.

In der Parkhöhle erfährt man auch viel über Goethes Sammlung von 2.000 Fossilien, die er in der Zeit um 1800 aus den westlich der Belvederer Allee gelegenen Tuffsteinbrüchen erhielt. Diese Fossilien bilden Teile von Tieren ab, die einst hier im Ilmtal gelebt hatten, Kraniche, Bisons, Rothirsche, Pferde, Nashörner, Waldelefanten und Braunbären. Am 8. Januar 1819 berichtet er dem bekannten Geologen Professor Carl Caesar von Leonhard von seinen Funden: »So haben wir ganz nahe bei Weimar treffliche fossile Knochen neuerdings entdeckt: eine halbe Oberkinnlade mit Zähnen, ganz dem Paläotherium ähnlich, mit Resten von Elephanten, Hirschen, Pferden und was sich sonst zusammen zu halten pflegte.«[39]

Ein ganz besonderes Stück, er nennt es das »Wundersamste«, sei ein Bäreneckzahn, ein einziger, nichts weiter.

Im Rückblick stellte Goethe fest, dass er sich seine Kenntnisse von der Natur, wie etwa die geologischen, vor allem angeeignet habe, um den Herzog in all seinen Unternehmungen, etwa dem Bergbau und anderen wirtschaftlichen Projekten, kompetent beraten zu können.

Heute gehört diese auf Goethe verweisende unterirdische Besonderheit Weimars zum nationalen Geotop »Tra-

39 *Goethes Werke*, WA IV, 31, (Brief 51) S. 50.

vertine des Ilmtals bei Weimar«, und man sieht hier eindeutig, dass Goethe die Welt der Gesteine sehr geliebt hat. In einer für die zweite Jahreshälfte 2019 geplanten Ausstellung im Schiller-Museum zum Thema »Goethe und die Naturwissenschaften um 1800« sollen auch die Parkhöhle und das Thema Geologie einbezogen werden. Mittelfristig ist eine Neugestaltung des Museumsbereichs Parkhöhle geplant.

# 19. DAS STADTHAUS

Selbstverständlich hat Goethe auch das Stadthaus am Markt oft besucht.

Für 1432 ist das Gebäude erstmals erwähnt. In den Jahren 1526 bis 1547 wurde es in vielen Teilen neu errichtet, als ein Renaissancegebäude mit Stufengiebel und einem Gewölbekeller in Form eines Gangs, der unterirdisch bis zum Rathaus führt.

Während der Bombenangriffe Anfang Februar 1945 wurde das Gebäude neben dem Mittelbau der Jägerhäuser, einem weiteren Goetheort, und einigen anderen alten Häusern komplett zerstört. Es wurde allerdings in den 1970er Jahren nach historischen Plänen und freien Details, zumindest was die Fassade angeht, als Ziegelbau neu errichtet.

Das allein war zu Zeiten der DDR und ihrer Bauideologie fast ein kleines Wunder. Denn im Grunde hatte man sich für eine Hochhausbebauung am Markt entschieden, die zum Glück nicht realisiert wurde. Insofern war diese Rückbesinnung auf den Renaissancezustand ein Bekenntnis zur Geschichte der Stadt Weimar. Die übrigen Bauteile des Gebäudes wie das gesamte Innere sind nicht historisierend erbaut bzw. ausgestattet worden, und außer dem Gewölbekeller zur Marktseite hin, der in den historischen Gang zum Rathaus mündet, gibt es keine Überreste aus der Entstehungszeit oder der Goethezeit.

Das Stadthaus wurde bereits zu seiner Entstehungszeit

als Kaufhalle genutzt und im 16. Jahrhundert im Stil der Frührenaissance umgebaut. Es befand sich schon damals am zentralen Platz Weimars, dem Markt: Dem Rathaus auf der Westseite stand das Stadthaus auf der Ostseite gegenüber, und es gab standesgemäße Gasthäuser für die Fremden. Ansonsten wohnten dort wohlhabende Bürger Weimars. Der Marktplatz war damals bereits gepflastert, eine Seltenheit im 16. Jahrhundert, ab 1540 gab es den Marktbrunnen.

Aber was bedeutete das Stadthaus zur Goethezeit? Warum suchten es die Bürger auf?

Zunächst besaß es einen Festsaal im ersten Geschoss, in dem die Bürger tanzen konnten, denn nur wenige von ihnen waren bei Hofe zugelassen, »hoffähig« nannte man das. Hier fanden Redouten und Konzerte statt und es wurden Vorträge gehalten.

Goethe konnte am 5. März 1802 auch ein für das Stadthaus vorgesehenes Ereignis abwenden, das ihn unwiderruflich als Dichter auf den zweiten Rang verwiesen hätte, nämlich eine Schillerehrung zu dessen Namenstag. Schiller sollte bei dieser Ehrung zum Dichterkönig Deutschlands erhoben werden. Initiator war der in Weimar geborene und aufgewachsene Theaterdichter August von Kotzebue (1761-1819), der lange um Goethes Gunst gebuhlt hatte, aber immer von ihm ausgegrenzt und als Nichtskönner und Vielschreiber verächtlich gemacht wurde. Und das, obwohl Goethe auf dem Weimarer Theater keineswegs auf die unterhaltsamen Stücke aus Kotzebues Feder verzichten konnte.

Es bleibt unklar, wer die von Kotzebue zur Errichtung

einer Bühne im Stadthaus beauftragten Handwerker abwies. Vielleicht Goethe? Fest steht, dass Schiller selbst gegen die mit übertriebenen Effekten beladene Dichterehrung opponierte und wahrscheinlich Goethe gebeten hatte, dagegen vorzugehen. Kotzebue, der plakative Effekte schätzte, hatte vorgehabt, als Glockengießer verkleidet, zunächst eine Glocke aus Pappe zu zerschlagen, nachdem natürlich Verse aus dem berühmten Gedicht Schillers *Das Lied von der Glocke* rezitiert worden wären und aus der zerschlagenen Glocke die berühmte Schiller-Büste Danneckers hervorgezaubert worden wäre, die er sich aus der Bibliothek hatte ausborgen wollen, was ihm ebenfalls verweigert worden war …

Heinrich Gentz, der Berliner Architekt, der auch zahlreiche Räume des Residenzschlosses einrichtete, hat 1803 bis 1804 auch den Festsaal des Stadthauses neu gestaltet. Der Verlust dieses Interieurs schmerzt. Nachdem das Weimarer Komödienhaus am 22. März 1825 abgebrannt war, ließ Goethe jedenfalls hier das Theater spielen, insofern ist auch das Stadthaus ein Ort, mit dem Goethe in vielerlei Hinsicht verbunden ist.

Heute residiert dort die Touristen-Information der Stadt Weimar.

## 20. GOETHES WOHNUNG IN DER SEIFENGASSE 16

Diese Wohnung Goethes ist heute nicht mehr als solche erhalten, das Haus, in dessen Obergeschoss sie sich befand, jedoch schon. Die Häuser der Seifengasse 12, 14, 16 und 16a, die heute die Weimarer Mal- und Zeichenschule beherbergen, gehörten zusammen mit dem Haus der Frau von Stein (Ackerwand 25 / 27) zu dem seit dem 17. Jahrhundert in herzoglichem Besitz befindlichen Stiedenvorwerk, von dem nach und nach Teile an Private, vorrangig herzogliche Beamte, veräußert worden waren. Ursprünglich außerhalb der Stadtmauern gelegen (in der Frauenvorstadt), gehen die ältesten Reste des Hauses Nr. 16 auf das späte Mittelalter zurück (Keller, Umfassungswände des Erdgeschosses und eine schwarze oder Rauch-Küche).

Goethe, der seit langem ausschließlich in seinem Gartenhaus wohnte, befand 1779 aber aufgrund der schlechten Heizmöglichkeiten im Gartenhaus und vielleicht auch seiner sehr engen Beziehung zu Frau von Stein, dass er winters ein zusätzliches Quartier gut brauchen könnte, und bezog vom 2. August 1779 bis zum 2. Juni 1781 einige sehr niedrige Zimmer im Obergeschoss des Hauses Seifengasse Nr. 16, die sich Wand an Wand zu den Wohnräumen der Familie von Stein befanden. Die Beziehung zu Charlotte war damals an einen entscheidenden Punkt gelangt, Goethes Werben um sie stagnierte.

Die Ehe der Steins war von den Abwesenheiten des Ober-
stallmeisters gekennzeichnet, der im Rahmen seines Amtes
täglich bei Hofe zu Mittag speiste, während Goethe regelmäßig seinen Platz an der Stein'schen Tafel einnahm. Auch
die Erziehung des kleinen Fritz, Charlottes jüngsten Sohnes,
übernahm Goethe, der den Jungen sogar mit in seine Räume
nahm, ihn je nach Bedarf als Vorleser, Boten, Gartengehil-
fen, Kassenführer usw. einspannte, gemäß seiner Überzeugung, Knaben müssten ein »learning by doing« absolvieren
und so in alle Wissens- und Lebensgebiete hineinwachsen.
Fritzens weiterer Lebensweg zeugt allerdings nicht vom Er-
folg dieser Lehrmethode. Dass Goethes Tätigkeiten damals
vielfältig, teils kleinteilig und zehrend waren, ist bekannt.[40]
Eine zwar relative freie Zeiteinteilung seiner Ämter bei gleichzeitig sehr hoher Belastung und vielen Ortswechseln stand
seiner wachsenden Unzufriedenheit angesichts einer ihn
erdrückenden Unproduktivität gegenüber. Und war er nicht
eigentlich und zu allererst ein Dichter?

In dieser Zeit widmet er Charlotte von Stein auch die
erste – mit der Hand geschriebene – Sammlung seiner Gedichte, in der sie als »Lida« vorkommt, weshalb »An Lida«
hier dargeboten sein soll:

*Den einzigen, Lida, welchen du lieben kannst,*
*Forderst du ganz für dich, und mit Recht.*

---

40 Etwa: Richard Friedenthal, *Goethe – Sein Leben und seine Zeit*,
Frankfurt, Berlin, Wien 1978, S. 266.

*Auch ist er einzig dein.*
*Denn seit ich von dir bin,*
*scheint mir des schnellsten Lebens*
*Lähmende Bewegung*
*Nur ein leichter Flor, durch den ich deine Gestalt*
*Immerfort wie in Wolken erblicke;*
*Sie leuchtet mir freundlich und treu,*
*Wie durch des Nordlichts bewegliche Strahlen*
*Ewige Sterne schimmern.*[41]

Aber eine Erfüllung dieser Liebe konnte es für Frau von Stein nicht geben, das war gegen die Konventionen, die sie streng beachtete, während Goethe sich gern über sie hinweggesetzt hätte – wie so viele andere ihm Vertraute im damaligen Weimar.

Am 6. April 1779 war die Prosafassung seiner *Iphigenie* in Schloss Ettersburg zur Aufführung gelangt, ein Stück, an dem neben Frau von Stein einige andere wesentliche »Schwesternfiguren« Goethes ihren Anteil in Form von weiblichen Vorbildern haben.

Der Dichter schien damals dazu verdammt zu sein, seine »Engel« nur aus der Ferne anzubeten, schwesterliche Liebe als einzige Form derselben erleben zu dürfen. Das, was er schrieb, und das, was er erlebte, waren zwei Welten.

1781 schreibt Goethe einen seiner zahllosen Briefe an die »Frau von nebenan«, seine Charlotte: »Die Juden haben

41 *Werke*, HA, Bd. 1, S. 127.

Schnüre, mit denen sie die Arme beim Gebet umwickeln; so wickle ich Dein holdes Band um den Arm, wenn ich an Dich mein Gebet richte um Deiner Güte, Weisheit, Mäßigkeit und Geduld teilhaftig zu werden.«[42]

42  Zit. nach Friedenthal, S. 267.

## 21. DAS HAUS DER FRAU VON STEIN AN DER ACKERWAND

Im Jahr 1777 war das Ehepaar von Stein samt seinen Kindern aus der Kleinen Teichgasse in den westlichen Teil des an der Ackerwand gelegenen Stiedenvorwerks übergesiedelt, wo die Husaren des Herzogs noch bis in das Jahr 1794 ihre Pferdeställe hatten. Sie bewohnten hier das Obergeschoss. Die Wohnung in diesem repräsentativen barocken Gebäude, das durch den Landesbaumeister Anton Hauptmann zwischen 1770 und 1773 errichtet worden war, sollte Charlotte von Stein neben ihrem Gut um das Schloss Kochberg bis zu ihrem Lebensende 1827, also fast 50 Jahre lang, behalten. Den Um- und Ausbau hatte Goethe für seine geliebte Freundin vorangetrieben, da er als Mitglied der Baukommission zum Hof gehörige Gebäude baulich betreute, sodass die Familie Ende 1777 dort einziehen konnte.

Er braucht Charlotte, denn sie hat das höfische Wesen, das höfliche, immer taktvolle, gänzlich verinnerlicht, während er in jugendlichem Geniegehabe oftmals Ungeschicklichkeiten begeht. Aber sie braucht ihn auch, denn in der Ehe mit dem Oberstallmeister, dessen Geist sich in seinem eleganten Tanzen erschöpft, versiegte ihre Lebensfreude: Ihr tiefes Interesse an Kunst und Wissenschaften teilt er nicht.

Sie hört Goethe gern zu, und was hat er nicht alles zu erzählen, er, der wohlhabende Frankfurter Bürgersohn. Ja, sie teilen das Leben, wenn auch nicht das Bett, obwohl Goethe das Verhältnis gern verwandelt hätte. Sehr viel Zeit bringt er im Haus an der Ackerwand zu. Im Tagebuch setzt er für Charlotte ein Zeichen ein, dass man als Sonne deuten muss, einen Kreis mit einem Punkt in der Mitte. Charlotte, die stark an moralischen Grundsätzen haftet, setzt immer die Grenzen, und Goethe akzeptiert nolens volens, schreibt ihr Liebesbriefe zur Kompensation. Ihre in der Ehe gewachsene Resignation und ihre Kränklichkeit weichen allmählich einer zuversichtlicheren Einstellung dank dieser Therapie. 1.600 kurze und lange Briefe, teils nur aus kleinen Zettelchen bestehende Nachrichten Goethes an sie sind erhalten, während sie die ihren nach dem Bruch 1788 zurückverlangt und verbrannt hat.

Hier eine kleine Folge dieser Korrespondenz aus der ersten Jahreshälfte 1777:

»Guten Morgen liebste Frau. Hier ist alles wieder was ich von Ihnen seit einigen Tagen geborgt habe. Das trübe Wetter drückt mir heut' allen Rauch in die Stube, dass ich gar übel dran bin. Leben Sie wohl.

d. 19. Febr. 77. G.«[43]

»Weil ich Sie schweerlich heute sehn werde, schick ich Ihnen einen freundlichen blick auf die Ankunfft des Frühlings. Es wird eine Zeit seyn, wo dieser Dinge viel um mich

---

43 *Goethes Werke*, WA, IV, 3 (Brief 560), S. 135.

herum blühen werden, heut ist's wieder so ein kalter Tag, dass es fast unmöglich scheint. Addio bestes.

d. 12. Merz 77. G.«[44]

»Danck dass Sie mir am frühen morgen was in die Einsamkeit schicken gestern wär ich bald wieder zu Ihnen gelaufen. Es war mir gar närrisch. Guten Tag und alles! Heut abends seh ich Sie, wo die Schellen klingen.[45]

d. Ostertag 77. G.«[46]

»So gern wär ich diesen Abend noch zu Ihnen. Der Zweifel ob Sie zurück sind, und das herrliche Gewitter das den ganzen Süd Überleuchtet hält mich ab. Die Frösche schrillen mir den Kopf wüste. Dancke für Ihr Zettelgen. Ich erhielts als der Herzog und noch Jemand und ein Paar Vertrautinnen, zu denen Seckendorf gestosen war [bey] mir im Garten saßen, viel Lärmten und Unordnung machten. Es muß Sie wunderlich düncken, das vergangne von mir zu lesen. Bleiben Sie mir im Gegenwärtigen und Zukünftigen eine liebe Nachbaarin

d. 2. May 77 G.

Leider muß ich heute Abend hungrig zu Bette gehn.«[47]

---

44 Ebd, S. 141.
45 Gemeint ist das Hofkonzert.
46 *Goethes Werke*, WA, IV, 3, S. 147.
47 Ebd., S. 153.

Inzwischen muss also Goethes Umzug in die Zimmer in der Seifengasse erfolgt sein. Die Kürze des Wegs macht es möglich, dass Charlotte dem Freund zwei Wochen später ein Frühstück schicken lässt, worauf sie einen Dankesbrief mit einem Gegengeschenk erhält. Und so spinnt sich der Faden der Briefe und Gaben weiter, da ist Charlotte sein »Gold«, das er beschwört, sein zu bleiben, auch und gerade, wenn er wieder einmal in des Herzogs Diensten verreist, oft in den Thüringer Wald.

Noch zu Goethes Lebzeiten, 1804, wurde im Erdgeschoss des Hauses, unter der Wohnung Charlottes, die russisch-orthodoxe Sommerkapelle eingebaut, in der Maria Pawlowna, die russische Zarentochter und Ehefrau des Erbprinzen Carl Friedrich, jeden Tag die russisch-orthodoxe Messe hörte. Diese Kapelle bestand bis 1909.

Nachdem das Haus im 20. Jahrhundert zahlreiche Nutzungen erfuhr, als Pension, zuletzt auch als Goethe-Institut, wird es seit zehn Jahren durch einen spanischen Investor umgebaut.

## 22. DIE JÄGERHÄUSER

Der Komplex der Jägerhäuser an der heutigen Marienstraße 5 / 7 wurde Ende des Zweiten Weltkriegs zerstört und in den 1960er Jahren durch ein Seminargebäude der Bauhaus-Universität ersetzt, das aber die ursprünglich dreiflügelige Anlage nicht mehr erkennen lässt.

Errichtet unter Herzog Wilhelm Ernst 1717 bis 1720 im Rahmen seiner ersten Stadterweiterung vor dem äußeren Frauentor, also außerhalb der Stadtmauern, beherbergte der Gebäudekomplex zunächst die Jäger und Forstleute des Herzogs sowie ihre Waffen und Werkzeuge, bevor der Hauptraum des großen Jägerhauses 1774 als katholische Kapelle eingerichtet wurde – ein Beispiel für die Toleranz der Herzogin Anna Amalia den Katholiken gegenüber, die erstmalig einen nicht in einem Privathaus eingerichteten Kirchenraum erhielten.

Im nördlichen Bau der Jägerhäuser (Nr. 5) befand sich zwischen 1789 und 1792 die Wohnung von Goethe und Christiane Vulpius, im südlichen Teil (Nr. 7) hatte zwischen 1816 und 1930 die Freie Zeichenschule ihr Domizil, die ebenfalls stark mit Goethe verbunden ist.

Wie kam aber Goethe in dieses Quartier, nachdem er zwischen 1782 und 1789, unterbrochen von seinem Italienaufenthalt, bereits in dem schönen Haus der Helmershausens am Frauenplan gewohnt hatte?

Im Juli 1788, wenige Wochen nach seiner Rückkehr aus

Italien, war Goethe der 23 Jahre alten Christiane Vulpius begegnet, die ihm eine Bittschrift überreichte. Ihr Bruder Christian August strebte ein Hofamt in Weimar an, denn er versauerte damals in einer untergeordneten Sekretariatsstelle in Nürnberg. Er schrieb Romane, obgleich er Jurist war …

Goethe sah in ihm den geeigneten Dramaturgen für die Weimarer Bühne und verliebte sich in seine Schwester Christiane mit den dunklen Locken. Dass die beiden im Gartenhaus Goethes sofort ein Liebespaar wurden, muss aus heutiger Sicht als unmöglich gelten: Hier wissen wir nichts Genaues. Jedenfalls schlich sich Christiane aber des Öfteren abends dorthin und irgendwann zog sie ein und führte Goethe dort die Wirtschaft. Das Geheimhaltungsvermögen des Paars war großartig, denn bis März 1789 hatte nicht einmal Charlotte von Stein Kenntnis von dieser Beziehung. Dass sie Goethe aber seine Italienreise nicht verzeihen konnte, die er angetreten hatte, ohne sie davon in Kenntnis zu setzen, machte es ihm wiederum leicht, ihr nach der Rückkehr aus dem Weg zu gehen. Insofern war nach dieser Reise vieles für Goethe ganz anders in Weimar geworden, und im Juni 1789 riss sogar der Briefkontakt zwischen Goethe und Charlotte von Stein ab. Und das, obwohl Goethe geschrieben hatte, dass er sich die Freundschaft mit ihr weiterhin wünschte. Für Charlotte von Stein jedoch war eine Welt zusammengebrochen, die Beziehung des Dichters mit dieser so weit unter ihm stehenden jungen Frau, deren Vater in Unehren aus dem Amt gejagt worden war, bildete die Krönung der Zurückweisung für sie.

Inzwischen war Christiane Vulpius schwanger mit ihrem ersten Kind. Goethe übernahm die Verantwortung und suchte nach einer angemessenen Bleibe, denn das Gartenhaus war im Winter unzumutbar für eine junge Mutter und ihr neugeborenes Kind.

Das Quartier in den Jägerhäusern bestand aus zwei Wohnungen, einer für Goethe selbst im ersten Geschoss und einer für Christiane, den kleinen August, Christianes Halbschwester Ernestine und ihre Tante Juliane. Für Goethe stellte die Wohnung außerhalb der Stadtmauern offenbar keine Degradierung dar, und er bedankte sich geradezu überschwänglich dafür beim Herzog – implizit auch für dessen Verständnis einer Ehe ohne Trauschein, die damals weit eher ein öffentlich zu brandmarkender Sittenfehler war, als es ein Seitensprung gewesen wäre. Es ist dies seine wohl glücklichste Zeit mit Christiane, die er auch in folgendem Gedicht preist:

*Indeß macht draußen vor dem Tor,*
*wo allerliebste Kätzchen blühen,*
*durch alle zwölf Kategorien*
*Mir Amor seine Späße vor.*[48]

Auch die 24 *Römischen Elegien*, die sowohl die italienischen Eindrücke wie die Liebe zu Christiane Vulpius verarbeiten,

48  Zit. nach Fritz Kühnlenz, *Erlebtes Weimar*, Rudolstadt, 2. Auflage 1968, S. 198.

entstehen zum Teil im Jägerhaus. Einige der Elegien wurden, nicht zuletzt auf Anraten Schillers, für die Druckfassung in der Zeitschrift *Die Horen* nicht berücksichtigt, da sie ausdrücklich und allzu drastisch den Eros feierten.

# 23. GOETHES HAUS AM FRAUENPLAN

Ein Zeichen für seine Freundschaft mit ihm und gleichzeitig für die Hochherzigkeit Herzog Carl Augusts erhält der Dichter 1794: Carl August schenkt ihm das 1792 erworbene Haus, das er damals bereits dem Freund angeboten hatte. Hier gab es genügend Platz, um eine womöglich wachsende Familie, aber auch die ständig größer werdenden Kunst- und Steinsammlungen – insgesamt 23.000 Einzelstücke allein der naturwissenschaftlichen Sammlungen, Objekte aus der Mineralogie, Flora und Fauna, ethnographische Sammelstücke, sowie Gerätschaften und Apparaturen aus den Bereichen Physik und Chemie – unterzubringen, Feste zu feiern, Gäste zu empfangen, gleichzeitig aber Goethes Ehe ohne Trauschein und die daran gekoppelte Familie von der Weimarer Gesellschaft zu trennen; auch das wollte bedacht werden. Eine hohe Mauer umgibt das Grundstück. Es ist eines der repräsentativsten Gebäude und vielleicht das größte Bürgerhaus Weimars aus dem 18. Jahrhundert.

Schon von Beginn an wollte Goethe das barocke Vorderhaus umbauen. Diese Maßnahme wird aber erst 1798 abgeschlossen sein, und die Kosten dafür betrugen mehr als drei seiner Jahresgehälter.

In den etwas abseits gelegenen Gartenzimmern des westlichen Hinterhauses richtete der Dichter sein Arbeitszimmer ein. Dahinter liegt die bescheidene Schlafstube – diese Räume wird er zeitlebens nicht mehr verändern, und bis heute findet man dort alles so vor, wie er es zurückgelassen hat. Hier hatten nur die engsten Freunde Zutritt – Coudray, Riemer, Meyer, Kanzler von Müller und der treue Eckermann, von Frauen ließ er im Alter lediglich Louise Seidler vor, die von ihm geförderte Malerin.

Den Umbau des Vorderhauses begleitete der Freund aus den italienischen Jahren, der erwähnte Schweizer Johann Heinrich Meyer. Als Reminiszenz an die Renaissance-Architektur in Italien, die er so liebte, entstand jene breite Treppe, die Goethe selbst entworfen hatte und deren Einbau Meyer überwachte, während Goethe mit seinem Herzog in die Champagne in den Krieg ziehen musste. Zwei Räume des Vorderhauses hatte Goethe zugunsten dieses repräsentativen Zugangs geopfert. Die Besucher des Hauses schreiten bis heute an den Gipsabgüssen des *Ares Borghese*, des *Apoll von Belvedere* und der *Ildefonso-Gruppe* vorbei, betrachten das von Heinrich Meyer angelegte Deckengemälde der *Iris* und werden begrüßt durch das in den Boden eingeschnittene SALVE. Sie gelangen dann in den Gelben Saal, das Scharnierzimmer zwischen den verschiedenen Bereichen des Haupthauses. Hier steht der Abguss der *Medusa Rondanini* – das Original befindet sich in der Münchner Glyptothek –, ein Geschenk König Ludwigs I. von Bayern an Goethe, und Friedrich Burys freie Kopie der Figur der *Himmlischen Liebe* aus dem Gemälde Tizians in der Villa Borghese. Der Besucher kann jetzt einen Blick in das Büstenzimmer werfen, um anschließend in das Junozimmer oder das kleinere Urbinozimmer geführt zu werden. In diesen Zimmern fühlte sich

jeder Eintretende nach Italien versetzt, das Land der Sehnsucht für so viele Deutsche des 18. Jahrhunderts – für Goethe waren seine zwei Jahre dort ein Schatz, von dem er lebenslang zehrte, was auch die Räume und ihre Kunstwerke widerspiegeln.

Gespeist wurde bei Goethe im Gelben Saal, denn die Farbe Gelb galt in seiner Vorstellung – er ordnete den Farben auch auf die Stimmung wirkende Kräfte zu – als appetitanregend. In der oberen Küche konnten die in der unteren großen Küche zubereiteten Speisen warmgehalten und zum Servieren vorbereitet werden.

Die wichtigsten Räume für seine Kunstgegenstände jedoch, das große Sammlungszimmer, das Majolikazimmer und das Deckenzimmer, blieben im Allgemeinen unzugänglich, denn hier herrschte, anders als heute, wo diese Zimmer auch museal gestaltet sind, eine Art von Depotatmosphäre. Hier stapelte sich alles, und nur die engsten Mitarbeiter durften Goethe hierher begleiten.

Außerdem blieben alle privaten Räume, das schon erwähnte Arbeitszimmer, aber auch die übrigen Zimmer im Hinterhaus sowie der schöne Hausgarten dem »gewöhnlichen« Besucher versperrt. Goethe schützte seine Privatsphäre, seine kleine Familie, und das war in der provinziellen Residenzstadt Weimar richtig, denn er war umgeben von Neidern, die an Christiane Vulpius kein gutes Haar ließen. Auch Goethes Privatbibliothek gehört zu diesen damals nur wenigen Menschen zugänglichen Räumen im Haus, ein schlauchartiger, neun Meter langer und drei Meter breiter

Raum. Seit Goethes Tod ist die Aufstellung der Repositorien, Pulte und Wandschränke darin unverändert geblieben, während die Ordnung der Bücher nach der Auslagerung im Zweiten Weltkrieg nicht mehr rekonstruiert werden konnte. Für den Forscher von größtem Interesse sind die in Goethes privaten Büchern vorgenommenen eigenhändigen Anstreichungen und Randnotizen.

Zuletzt soll das Schreib- oder Dienerzimmer in seiner soldatischen Einfachheit erwähnt werden, das direkt an Goethes Schlafzimmer grenzte. Hier übertrugen die Schreiber die Diktate Goethes in die Reinschrift – hier also entstanden im handwerklichen Sinne die sogenannten Goethe'schen »Manuskripte«, die an die Verlage gingen, unter anderem *Wilhelm Meisters Wanderjahre* und große Teile des *Faust* II. Das Mobiliar, mit Ausnahme der für die Akten zur Ablage vorgesehenen eingebauten Schränke, ist nicht original, sondern nur zeitgenössisch.

In diesem 1707 bis 1709 errichteten Haus hat Goethe von 1782 bis 1798 zunächst allein als Mieter gelebt, abgesehen von der Italienreise. Dann folgte das Interim in den Jägerhäusern mit Christiane, und von 1792 an lebte er mietfrei mit ihr und ihrer Familie wieder am Frauenplan, Eigentümer wurde er 1794. Hier ist er auch gestorben.

Das Goethehaus am Frauenplan blieb in den Jahren nach Goethes Tod lange noch das Wohnhaus der Enkel, deren letzter, Walther von Goethe, 1885 verstarb und das Haus per Testament dem Großherzog Carl Alexander als Repräsentanten des Staates Sachsen-Weimar-Eisenach vermachte, den handschriftlichen Nachlass seines Großvaters jedoch persönlich dessen Gemahlin, der Großherzogin Sophie. Dieses Testament war der Ausgangspunkt für die Gründung des Goethe-Nationalmuseums noch im selben Jahr.

Im Zweiten Weltkrieg wurde das Haus durch eine Bombe besonders im westlichen Teil stark beschädigt. Das Inventar war allerdings längst ausgelagert worden. Zum 200. Geburtstag Goethes wurde das Haus wieder aufgebaut. Ein Besuch in diesem Haus und im angrenzenden Goethe-Museum ist ein Besuch in Goethes Welt, die er wie alles in seiner Umgebung höchst individuell und geschmackvoll gestaltet hat.

# 24. GOETHES HAUSGARTEN AM FRAUENPLAN

Auch dieses Goethe'sche Erbe ist wie sein Wohnhaus und viele weitere Stätten in Weimar neben dem Park an der Ilm und Goethes Gartenhaus UNESCO-Weltkulturerbe. Daher muss die Klassik Stiftung Weimar mit dem Garten bewusst im Sinne der Bewahrung auch dieser historischen Anlage umgehen. Er umfasst 1.550 Quadratmeter; Haus und Garten sind nur wenige Gehminuten von Charlotte von Steins Wohnhaus an der Ackerwand entfernt.

Solange Goethe Mieter am Frauenplan war, pflegte er den Garten noch nicht selbst. Erst ab 1792, als er mit Christiane und dem kleinen Sohn August hier einzog, übernahm er ihn und führte gärtnerische Veränderungen ein, denn seinem Geschmack entsprach ein gemischter Garten, der auch Nutzpflanzen zuließ.

In einem Teil des Gartens legte er mit Hilfe des später berühmt gewordenen Botanikers Friedrich G. Dietrich (1765-1850) ein botanisches Schaubeet an, denn die Botanik interessierte den Dichter auch als wissenschaftliches Gebiet. Überdies spricht er in vielen Gedichten von seiner Liebe zu den Pflanzen, besingt etwa die als vollkommen empfundene Rose, das Veilchen oder die Frühlingsblumen. Das 31. Venezianische Epigramm dreht sich um Botanik als Ganzes und lautet so:

*Mit Botanik gibst du dich ab? Mit Optik? Was tust du?*
*Ist es nicht schönrer Gewinn, rühren ein zärtliches Herz?*
*Ach, die zärtlichen Herzen! Ein Pfuscher vermag sie*
   *zu rühren.*
*Sei es mein einziges Glück, dich zu berühren, Natur![49]*

Anders als Linné versuchte Goethe, die Gemeinsamkeiten
aller Pflanzen zu bestimmen, wobei ihm der Begriff der Ur-
pflanze wichtig wurde. Diese Gedanken führten ihn dazu,
die Pflanzen im eigenen Garten nicht nach dem Linné'schen
System, sondern nach dem des französischen Botanikers
Antoine-Laurent de Jussieu (1746-1836) zu ordnen, das dieser in seinen *Genera plantarum*[50] beschrieben hatte. Diesem
System gehorchend wurden die Arten damals in einem bestimmten Gartenteil nicht in bewährten »freundschaftlichen«
Kombinationen, sondern nach Familien geordnet gepflanzt:
Korbblütler hier, Schmetterlingsblütler dort usw.

Goethes Beschäftigung mit der Botanik fand 1790 ihren
krönenden Abschluss in der Abhandlung über *Die Metamorphose der Pflanze*. Außerdem bereicherte er die Vorträge
der geselligen Treffen innerhalb der interessierten Weimarer
Gesellschaft mit diesem Thema.

Schon 1790 hatte Christiane sich weitere Gemüsesor-
ten im Hausgarten gewünscht. Dem wurde seitens Goethe

---

49  *Werke*, HA, Bd. 1, S. 207.
50  So hieß auch Linnés Hauptwerk von 1737, die Publikation An-
    toine-Laurent de Jussieus erschien 1789.

stattgegeben. Zusätzlich pachtete er noch ein Stück Land am Lottebach, für Kartoffeln, Rüben und alles, was größere Flächen benötigte, das sogenannte Krautland. Damit hatte Christiane insgesamt drei Gärten mit Nutzflächen zu bewirtschaften und deren Erträge zu ernten und zu verarbeiten.

Seine botanischen Studien betrieb Goethe mittlerweile in Jena und dessen Botanischem Garten. Erst nach Christianes Tod 1816 wurden einige Flächen des Hausgartens erneut diesem Thema gewidmet.

Aber was ist heute geblieben von Goethes Garten, was davon ist historisch bzw. authentisch?

So viel wie möglich, was die Pflanzenarten angeht – wenngleich die wenigsten natürlich dieselben sind wie damals. Eine von Goethe sehr geschätzte Pflanze ist die Osterluzei am Haus, mit der er sich 1813 nachweislich beschäftigt hat. Der ungarische Weinstock, der direkt am Haus rankt, ist definitiv der, den schon Goethe hatte und schätzte.

Ansonsten entsprechen die Sorten den Pflanzgepflogenheiten zu der Zeit, als Goethe Herr des Gartens war, wenigstens, was die Zierpflanzen angeht, ohne dass man in allen Fällen sicher weiß, ob diese Pflanzen tatsächlich einst da waren.

Bei den Nutzpflanzen ist man mehr als zurückhaltend, denn von den Gärtnern einer öffentlichen Einrichtung kann dieser Arbeitsaufwand nicht geleistet werden. Wir wissen aber, dass Goethe Gemüse schätzte, er mochte Mangold und die erst in den letzten Jahren wieder in Mode gekommene

Rauke, auch Blumenkohl und Kohlrabi, und er machte Versuche, selbst Artischocken anzubauen, sowie natürlich Spargel – diesen auch im Garten am Gartenhaus.

Bei den Zierpflanzen kultiviert man heute wie damals die alten Rosensorten, die in Goethes Garten immer ansässig waren, die *Rosa gallica*, die *Rosa damascena*, die *Rosa alba*, die *Rosa centifolia* oder eine Abart von ihr, die *Rosa centifolia muscosa* (die Moosrose). Auch die erst nach 1800 in Europa heimisch gewordenen Dahlien, damals Georginen genannt, liebte er, vor allem, da sie zumeist an seinem Geburtstag, dem 28. August blühten. Und sehr viele weitere Sorten, die entweder damals gängig waren oder aber schon zu Lebzeiten Goethes hier standen, blühen auch heute: Tagetes etwa, Levkojen, Salvien, grüner Fuchsschwanz, Mohn, Cosmeen, ständig sich selbst wieder erneuernde Calendula, Nelken wie auch Verbenen, dann die Thüringer Malve, der Heliotrop, die alte Dreimasterblume, der Ziertabak und die Jungfer im Grünen mit ihrem feinen Gespinst.

Die Kornelkirschhecke an der Seite zur Ackerwand ist seit Goethes Zeiten immer wieder erneuert, heruntergeschnitten und ergänzt worden. Wahrscheinlich hat Goethe sie 1817 gepflanzt. In ihrem schattigen Laubengang konnte er nachdenkend auf- und abgehen, wie er generell sehr gern im Gehen Probleme oder seine gerade anstehenden Schreibthemen durchdachte.

Seit 1886, als das Goethehaus samt Garten ein öffentlich zugängliches Museum geworden war, hat es keine Veränderungen mehr im Wegenetz des Gartens gegeben. Als Goethe den Garten übernahm, stand vermutlich kein Großbaum darin, das hat er jedoch geändert: Ein goethezeitlicher Baum ist der Bergahorn, hinzu kommen noch die zum Wirtschaftsbereich gehörigen Gehölze.

Dreimal im Jahr verändert sich heute der Blumenschmuck auf den Beeten: Zunächst werden die Frühjahrsblumen eingesetzt, Pfingsten kommen die einjährigen Sommerblumen, neben ihnen erscheinen später die den Herbst einläutenden Astern und Dahlien.

Das Gartenmobiliar in Goethes Garten, Bänke, Tische und Topfstellagen, wurde von einem Weimarer Tischler nach Abbildungen des Gartens aus der Zeit nachgebaut.

Goethe und Christiane liebten den Garten, beide kommunizierten auch darüber. Christiane schickte ihrem Mann oft auch frisches Gemüse nach Jena. Doch auch der ästhetische Gewinn für ihren Mann war ihr bewusst. Weniger als drei Wochen vor ihrem Tod, am 18. Mai 1816, schrieb Christiane ihm nach Jena, weil sie wusste, dass die Nachricht ihn erfreuen würde:

»Dein Garten steht gegenwärtig in seiner größten Pracht, und es macht wirklich verdrüßlich, dass die üble Witterung so wenig im Freien zu sein erlaubt. Die Apfelbäume blühen in höchster Fülle, es steht Blüthe an Blüthe, die Rabatten vor Deinen Fenstern schmücken die schönsten gefüllten Tulipanen, deren schöne Farben die stolzen Kaiserkronen verdunkeln, und trotz der geringen Wärme und den kühlen Nächten reift doch alles der Vollkommenheit entge-

gen. Möge Dich die schöne Blüthe in Jena für diese Entbeh-
rung reichlichst entschädigen.«[51]

51 Hans Gerhard Gräf (Hrsg.), *Goethes Ehe in Briefen. Der Briefwechsel
zwischen Goethe und Christiane Vulpius 1792-1816*, Frankfurt am
Main 1994, Brief 600.

# 25. GOETHES STEINPAVILLON AM HAUSGARTEN

Goethes Steinsammlung ist die umfangreichste seiner zahlreichen Einzelsammlungen mit 17.800 Objekten, als da sind Mineralien, Gesteine, Tier- und Pflanzenfossilien. Anders als seine übrigen Sammlungen ist sie aber zum Großteil nicht im Haupthaus, sondern in dem sogenannten Steinpavillon an der Grundstücksmauer zur Ackerwand untergebracht, der um 1725 als Pavillon mit Mansarddach errichtet wurde. Weitere drei Schränke mit Gesteinen befinden sich aber auch im Arbeitszimmer des Goethehauses. Zwar weist die Sammlung kaum spektakuläre Stücke auf, doch zielt sie in besonderer Weise auf Goethes Denken insgesamt: Stets ging es ihm ja um die Frage, wie sich Leben aus Leben entwickelt und im Lauf der Zeit verändert.

Goethe fand seine Objekte teils selbst, doch kaufte er auch Stücke von entsprechenden Händlern oder er erhielt Geschenke – für wissende Besucher war ein mineralogisches oder paläontologisches Stück oft ein Weg, um mit Goethe in Kontakt zu kommen. Die Gesteinssammlung ist auch eine der wenigen privaten naturwissenschaftlichen Sammlungen aus der Zeit, die geschlossen erhalten geblieben und nicht einem öffentlichen Institut eingegliedert worden ist.

Goethes Beschäftigung mit der Geologie – er und seine Zeitgenossen bezeichneten sie damals als Geognosie – resultiert wahrscheinlich aus seiner Beschäftigung mit der herzoglichen Bergbaukommission seit November 1777. Zweieinhalb Jahre später übernahm er ihren Vorsitz. Der Grund für diese neuen Aktivitäten war, dass Herzog Carl August das rohstoffarme Fürstentum durch die Belebung des stillgelegten Silber- und Kupferbergbaus bei Ilmenau wirtschaftlich fördern wollte. Die fachliche Seite des Unternehmens hatte zwar Berghauptmann von Trebra zu verantworten, doch Goethe wollte sich unbedingt eigene Kenntnisse zum Bergbau und zu den Gesteinen aneignen und hat diesen Sektor von da an auf allen Reisen in seine Aktivitäten mit einbezogen. Und mehr und mehr begeisterten ihn die Mineralogie und die Geologie, damals erst im Entstehen begriffene Disziplinen. So kam es zu seiner sich immer weiter vergrößernden Sammlung, die er auch mit Thüringer Fossilienfunden bestückte, etwa Pflanzenfossilien wie Riesenschachtelhalmen und Baumfarnen aus dem Manebacher Rotliegenden, einer Gesteinsformation des Dyas im Thüringer Wald.

Im Steinpavillon gibt es drei Teilsammlungen, die Mineralien, die Gesteine und die paläontologische Sammlung, sowie die sogenannten Suiten, Sammlungen zu bestimmten Orten oder Themen, etwa zum Harz, zu Böhmen, zu italienischen Buntmarmoren usw. Die Mineralien ordnete Goethe nach der damals gängigen Systematik von Abraham Gottlob Werner, dem Begründer des Neptunismus. Ihm hing Goethe auch lange an, weil er sich sehr gut vorstellen konnte, dass sich Minerale durch wässrige Vorgänge in den

Meeren gebildet hätten. Erst über den Kontakt zu Alexander von Humboldt und dessen Beobachtungen verschiedener Vulkane, insbesondere dessen Vortrag von 1823 *Über den Bau und die Wirkungsart der Vulkane in verschiedenen Erdstrichen* konnte er der Entstehungslehre der Gesteinsarten durch Vulkanismus bzw. Plutonismus mehr Glauben schenken, jedenfalls könnte man das aus der Schriftenreihe *Zur Naturwissenschaft überhaupt* aus demselben Jahr schließen. Dennoch kritisierte er Humboldts Text in einer – allerdings unveröffentlichten – Rezension.

Lediglich zur besseren Veranschaulichung der erdgeschichtlichen Abfolge der Bildung der Gesteine durchbrach er seine Klassifizierung nach Werner (die heute überholt ist) und ordnete seine Sammlung nach morphologischen Grundsätzen.

Die Fossilien wurden nach 1813 von Goethes Sohn August auf Wunsch des Vaters nach der Systematik von Ernst Emmanuel Walch geordnet und katalogisiert. Auch diese Sammlung konnte mit Funden aus der Umgebung bestückt werden, etwa aus den Weimarer Steinbrüchen, die damals noch aktiv ausgebeutet wurden.

Goethe war fast lebenslang mit zahlreichen Forschern auf dem Gebiet der Geologie und Paläontologie im Gespräch oder stand mit ihnen in Korrespondenz, etwa mit Samuel Thomas Sömmering, Kaspar Graf Sternberg aus Böhmen, dem Begründer der wissenschaftlichen Paläobotanik, mit Christian Keferstein aus Jena oder Karl Ernst Adolf von Hoff aus Gotha. Hierbei ging es um die wissenschaftliche Dar-

stellung der Geologie Deutschlands in systematischer, allgemein verbindlicher Weise, und er konnte auf eine große Expertise verweisen, denn er war im Laufe der Zeit in so manche Stollen oder Schächte gekrochen oder gestiegen.

Der Steinpavillon in Goethes Hausgarten ist leider der Öffentlichkeit nicht zugänglich, doch Teile der mineralogischen und paläontologischen Sammlung des Dichters können in der Dauerausstellung *Lebensfluten Tatensturm* im Goethe-Nationalmuseum in der Abteilung »Natur« besichtigt werden. Wissenschaftler mit begründetem Fachinteresse dürfen die Steinsammlung jedoch für ihre Forschungen nutzen.

# 26. DIE ERWEITERUNGSBAUTEN DES GOETHE-NATIONALMUSEUMS

1885, vier Jahre nach dem Tod des letzten Goethe-Enkels Walther von Goethe, wurden zwei baufällige Häuser links neben dem historischen Wohnhaus Goethes am Frauenplan zur Sicherheit abgerissen. Auf diesem Grundstück entstand 1913/1914 ein erstes baulich angepasstes Gebäude, das die umfangreichen Goethe'schen Sammlungen aufnehmen sollte. Dieses Gebäude ist zweigeschossig und achtachsig, außerdem feuersicher. Als Vorbild dienten dem Architekten Jakob Schrammen die beiden spätbarocken Vulpiushäuser (Frauenplan 3 und 4), die nach und nach in Goethes Besitz übergegangen waren. In diesem Gebäude befinden sich der Kassenbereich des Goethe-Nationalmuseums sowie Studiensäle in den Obergeschossen.

Schon wenig später wurde deutlich, dass mehr Ausstellungsfläche benötigt wurde, doch erst 1935 konnte der zweite Erweiterungsbau des Museums realisiert werden, wofür auch wieder zwei ältere Häuser abgerissen werden mussten. Hierbei war die Unterstützung Hitlers, der prinzipiell an Goethe kein Interesse hatte, wichtig: Für ihn war der Bau ausschließlich ein Prestigeprojekt. Vorbild für ihn war das Goethehaus. Diese wenigen Informationen sollen anklingen lassen, wie fragil selbst ein scheinbar unangreifbarer, ein »klassischer« Dichter wie Goethe in den Händen Nachgeborener war, wie man in verschiedenen politischen Systemen immer wieder versuchte, ihn politisch zu instrumentalisieren und einseitig zu interpretieren, dadurch natürlich auch zu verfälschen.

Weitere Umbaumaßnahmen in diesen Gebäuden erfolgten in den Jahren nach der Wende 1996 bis 1999, im Vorfeld des Kulturhauptstadtjahrs anlässlich des 250. Geburtstags des Dichters. Es entstanden die jetzigen großzügigen musealen Räume, die mit der 2012 eröffneten Dauerausstellung unter dem Titel *Lebensfluten Tatensturm* wichtige Lebensthemen Goethes aufblättert, als da sind Genie, Gewalt, Welt, Liebe, Kunst, Natur und Erinnerung.

Als einen Lieblingsort Goethes kann man diese Einrichtung insofern ansprechen, als sie zahlreiche Objekte enthält, die mit Sicherheit Lieblingsstücke waren oder für ihn wichtige Themen und Personen präsentieren. Hier eine kleine Auswahl:

In der Abteilung »Genie« findet sich etwa eine Gipsbüste des von Goethe lebenslang hochverehrten Napoleon, in der Abteilung »Gewalt« das Gorgonenhaupt *(Medusa Rondanini)*, das angeblich jeden Betrachter versteinert. In der Abteilung »Welt« geht es einerseits um die Weltliteratur, die für Goethe gegen sein Lebensende hin besonders wichtig wurde, aber es werden auch sein geliebter hellgrauer Reisemantel ausgestellt, sein Reiseschreibzeug und der Reisetrinkbecher, die ihn nach Italien begleitet haben. Die Sektion »Liebe« stellt das Thema in Goethes Literatur wie in seinem Leben aus. Aus dem Liebesleben werden Charlotte von Stein, Christiane Vulpius und Marianne Willemer, seine Altersliebe in

der alten Heimat am Main, greifbar und damit drei unterschiedliche Ausprägungen von Goethes Liebe zu Frauen. Das Thema »Kunst« erfährt durch von Goethe bewunderte Künstler wie etwa Michelangelo, aber auch durch den Kunsttheoretiker Winckelmann, auf dessen Spuren Goethe die antiken Stätten in Sizilien wahrnahm, sowie durch Objekte, die auf Goethes Kunstpolitik und -förderung verweisen, seine Veranschaulichung. Weitere Themen sind »Natur« und »Erinnerung«. Hier sieht man persönliche Erinnerungsstücke, aber auch offizielle: Es gibt Büsten, die Goethe hat aufstellen lassen, und Briefe. Dann sind allerdings auch Erinnerungsträger dort ausgestellt, die auf seinen Tod und sein Nachleben, also die Erinnerung an ihn selbst, verweisen. So sieht man unter anderem den – nicht verwirklichten – Entwurf für das Goethe-Schiller-Denkmal von Christian Daniel Rauch, Goethes Testament vom 6. Januar 1831 und, als letztes Objekt in der Ausstellung, den Schlüssel für seinen Sarg in der Fürstengruft auf dem historischen Friedhof. Zum Teil sind die Objekte in dieser Abteilung auch regelrechte Kultobjekte der Zeit, die in großen Zahlen vervielfältigt und deutschlandweit gehandelt wurden, so etwa die Goethe darstellende Biskuitporzellanbüste aus der Manufaktur Fürstenberg von 1784.

# 27. DAS ECKERMANNHAUS IN DER BRAUHAUSGASSE 13

Dieses Haus am westlichen Ausgang des Frauenplans wird das Eckermannhaus genannt, denn der Goethe so zugewandte Johann Peter Eckermann (1792-1854), dem wir die *Gespräche mit Goethe in den letzten Jahren seines Lebens* verdanken, lebte dort ab 1823. Der aus sehr einfachen Verhältnissen stammende Eckermann war durch seinen großen Bildungshunger zu gymnasialer Bildung und gar einem zweijährigen Universitätsstudium der Jurisprudenz in Göttingen gelangt. Mit seinen ersten Aufsätzen, *Beiträge zu Poesie*, die er 1823 abschloss, wollte er sich Goethe empfehlen, um von diesem wiederum eine Empfehlung für dessen Verleger Cotta zu erhalten. Goethe, so schreibt Eckermann in seiner Einleitung zu den 1836 erschienenen ersten beiden Bänden der *Gespräche* (ein dritter Band erschien 1848), sei von jeher sein Leitstern gewesen. Er habe ihm auch freundlich zurückgeschrieben und zu Bekannten günstig von seinen Gedichten gesprochen. Denkwürdig ist Eckermanns erste Begegnung mit dem alten Dichter, den er unbedingt kennenlernen wollte. Deshalb trat er eine sommerlich heiße Fußwanderung von Göttingen nach Weimar an und notierte als ersten Eintrag in seinen Gesprächen unter »Weimar, Dienstag, den 10. Juni 1823« sogleich seine ersten Eindrücke:

»Vor wenigen Tagen bin ich hier angekommen; heute war ich zuerst bei Goethe. Der Empfang seinerseits war überaus

herzlich, und der Eindruck seiner Person auf mich der Art, daß ich diesen Tag zu den glücklichsten meines Lebens rechne.« Auch Eckermanns Beschreibung des damals fast 74-jährigen Goethe beeindruckt: »Das Gesicht so kräftig und braun und voller Falten, und jede Falte voller Ausdruck. Und in allem solche Biederkeit und Festigkeit, und solche Ruhe und Größe! Er sprach langsam und bequem, so wie man sich wohl einen bejahrten Monarchen denkt, wenn er redet. Man sah ihm an, daß er in sich selber ruhet und über Lob und Tadel erhaben ist. Es war mir bei ihm unbeschreiblich wohl …«[52]

Schon am nächsten Tag erhält Eckermann eine neuerliche Einladung von Goethe, und diesmal übergibt ihm der große Dichter gleich einen literarischen Auftrag – es ist der Beginn einer langjährigen harmonischen Arbeitsbeziehung, durch die sich Goethe viele quälende Dinge vom Leib halten kann und die Eckermann in die Nähe des von ihm bewunderten Idols bringt.

Ab jetzt wird alles, was Eckermann plant, etwa auch sein Aufenthalt in Jena, den er für den Sommer vorgesehen hat, von Goethe vorbereitet. Er zitiert den willigen jungen Mann zu sich, wann immer es ihm wichtig erscheint, bis er nach Marienbad abreist und Eckermann nach Jena. Aus Marienbad erreicht ihn die Zusicherung, dass Goethe mit seinen Arbeiten zufrieden sei und sich auf ein weiteres engeres Zu-

52 Johann Peter Eckermann, *Gespräche mit Goethe aus den letzten Jahren seines Lebens*, S. 33 ff.

sammensein mit ihm freue. Ohne Gram nimmt er davon Abstand, weitere eigene Pläne für die Zukunft zu schmieden.

Im September, kaum ist Goethe zurück in Weimar, eröffnet er Eckermann, er wünsche über längere Zeit seine Nähe und habe auch schon eine Wohnung ganz in der Nähe seines Hauses im Auge.

Am 1. Oktober 1823 übersiedelt Eckermann von Jena nach Weimar in das zweigeschossige Giebelhaus mit den beiden kurzen Seitenflügeln in der Brauhausgasse, eines der ältesten Wohngebäude der Frauenvorstadt, dessen Erdgeschoss bis auf das 16. Jahrhundert zurückgeht. Ursprünglich grenzten an das Haus südlich und östlich Gärten, aber die Struktur des Gebäudes ist im Kern erhalten geblieben.

1831 zog Eckermann in eine Wohnung am Theaterplatz 1 um, denn er hatte kurz zuvor Johanne Bertram geheiratet, die leider schon 1834 verstarb. 1840 zog er nach Markt 9 um, zuletzt lebte er in der Marktstraße 2.

Nicht nur die *Gespräche* hat Eckermann zu Papier gebracht. Er war als Mitarbeiter und Vertrauter Goethes mit der Redaktion der *Vollständigen Ausgabe letzter Hand der Werke Goethes* beschäftigt und wurde testamentarisch vom Dichter 1831 zum verantwortlichen Herausgeber seines literarischen Nachlasses ernannt. Dies führte 1836/37 zur Herausgabe des sogenannten »Volksgoethe«.

Ein »Eckermann« ist heute das Synonym für einen unverbrüchlich treuen Verehrer und Zuarbeiter für einen Größeren. Diesen Ruf wurde Eckermann nicht mehr los. Während seine eigenen Arbeiten, vor allem poetische Werke, weitgehend unbemerkt blieben, hat er sich um Goethe und die Verbreitung seines Werks und seiner Lebensumstände große Verdienste erworben.

# 28. DAS GASTHAUS WEISSER SCHWAN

Der Weiße Schwan ist schon seit 1569 auf einem Stadtplan Weimars als Gebäude eingetragen, ab 1638 dann in der Funktion eines Gasthauses »vor dem Frauentor«, 1688 dann unter dem heutigen Namen Weißer Schwan.

Der Gasthof bot Platz für zwölf Pferde und auch sonst für alles, was Gäste benötigten, weshalb auch Goethe gern und regelmäßig auswärtige Gäste hier einquartierte. Der Renaissancebau wurde 1989/1990 im Rahmen von Umbaumaßnahmen stark verändert, sodass nur noch die Kubatur und einige Einzelheiten, etwa der Keller, auf das Ursprungsgebäude verweisen.

An seinen Freund Carl Friedrich Zelter in Berlin schrieb Goethe am 18. Februar 1827: »Der weiße Schwan begrüßt dich jederzeit mit offenen Flügeln!«[53] Und auch er selbst ist oft hier eingekehrt – sein Stammplatz soll in der Gemeindestube »gleich neben dem Ausschank« gewesen sein. Als 82-Jähriger wünschte sich Goethe erneut ein Wiedersehen mit Zelter und schrieb ihm, dass der Schwan seine Flügel ausbreiten würde, sollte Zelter noch einmal Weimar besuchen.

Diese Zeile empfängt noch heute die Gäste. Der Weiße Schwan sah viele bedeutende Gäste, so den Bildhauer Christian Daniel Rauch, die Maler Arnold Böcklin, Franz von

53 *Goethes Briefe*, in: *Goethes Werke*, WA, 42, S. 66.

Lenbach und Eduard Weichberger, die Komponisten Franz Liszt und Peter Cornelius und den mit Goethe ebenfalls befreundeten Chemiker Johann Wolfgang Döbereiner, den er an die Universität Jena binden konnte und für den er erwirkte, dass Herzog Carl August die für seine Forschungen wichtigen Apparaturen und Werkzeuge finanzierte: Damals war es nämlich noch so, dass die Professoren ihre Arbeitsmittel selbst mitbringen mussten!

Bis weit nach dem Zweiten Weltkrieg wartete der Gasthof noch mit Fremdenzimmern auf, während er heute ausschließlich ein Speiserestaurant mit guter bodenständiger Küche ist.

Am Nebenhaus, Frauentorstraße 21, erkennt man eine Gedenktafel, denn hier hatte Schiller ab dem 28. Juli 1787 seine erste Wohnung.

## 29. WIELANDS WOHNUNG IN DER MARIENSTRASSE 1

Das sehr groß angelegte Wohn- und Geschäftshaus an der Ostseite des heutigen Wielandplatzes wurde in den Jahren 1723 bis 1728 im Auftrag des Kammersekretärs Scheibe als zweigeschossiges Gebäude mit elf Achsen errichtet. Es folgten spätere Erweiterungen nach Süden hin und ein Umbau 1843, bei dem dann das Mansarddach aufgesetzt wurde.

Wegen seiner ständig wachsenden Familie hatte Wieland insgesamt fünf Wohnsitze in Weimar. In der chronologischen Folge waren das die Scherfgasse 1 (1772-1773), der Lutherhof (1773-1777), dann zog er in die hier beschriebene Wohnung Marienstraße 1, wo er immerhin 19 Jahre blieb. Es war sein längster Aufenthalt in einer Weimarer Wohnung, weshalb hier auch eine Gedenktafel angebracht ist.

1797 erwarb Wieland sein Gut in Oßmannstedt und lebte dort bis zum Tod seiner Frau Dorothea (1803). Dann zog er wieder in die Stadt, in die Rittergasse 19, und ab 1806 wechselte er in die Wielandstraße 1. Dort verstarb er 1813.

Goethe hat Wieland oft gesehen und sie standen auf dem Duzfuß, bezeichneten einander gar als Brüder, sie begingen auch gemeinsam das Neujahrsfest. Goethe schreibt schon 1776 an sein »Tantchen Fahlmer«: »Mit Wieland führ' ich ein liebes häusliches Leben, esse mittags und abends mit ihm und wenn ich nicht bey Hofe bin.« Er ist der Erste, der von

Goethes Liebe zu Frau von Stein erfährt. Da kleidet Goethe seine Gefühle in einem Brieffragment an Wieland in ein gar seltsames Bild: »Ich kann mir die Bedeutsamkeit, die Macht, die diese Frau über mich hat, anders nicht erklären als durch die Seelenwanderung. – Ja, wir waren einst Mann und Weib! Nun wissen wir von uns – verhüllt, in Geisterduft. – ich habe keinen Namen für uns – die Vergangenheit – die Zukunft – das All.«[54]

Ein Jahr später war schon alles anders, der zauberhafte Esprit der Anfangszeit Goethes in Weimar wich seiner Einbindung in das Korsett des sachsen-weimarischen Regierungsapparats, und damit war das Versiegen seiner dichterischen Kreativität verbunden. Diese Veränderung spiegelt sein Bruder und Tischgenosse Wieland in seinem Brief an Johann Heinrich Merck, den gemeinsamen Freund:

»Von meinen hiesigen sogenannten oder auch würklich guten Freunden ist auch nicht ein einziger, der mir nur soviel Licht und Wärme mittheilte als vonnöthen ist um ein paar Eyer dabey lind zu sieden. Sogar Göthe und Herder sind für mich wenig besser als ob sie nicht da wären. Mit jenem – was für herrliche Stunden, und halbe Tage lebt’ ich mit ihm im ersten Jahre! Nun ists als ob in den fatalen Verhältnissen worinn er steckt, ihn sein Genius ganz verlassen hätte – seine Einbildungskraft scheint erloschen – statt der allbelebenden Wärme die sonst von ihm ausging, ist politischer Ernst um ihn her. Er ist immer gut und harmlos –

54 Brieffragment aus dem Monat April 1776, zit. nach Kemp, S. 159.

aber – er theilt sich nicht mehr mit – und es ist nichts mit ihm anzufangen. Auch sehen wir uns nur selten – wiewohl ich fest glaube dass er nichts wider mich hat, und von mir überzeugt ist, dass ich ihn herzlich liebe.«[55]

Goethe wiederum hat dieses Fernerrücken des ersten Schriftstellerfreunds anders erlebt. In den Gesprächen mit Eckermann wird er so zitiert: »Mein persönliches Verhältnis zu Wieland war immer sehr gut, besonders in der früheren Zeit, wo er mir allein gehörte. Seine kleinen Erzählungen hat er auf meine Anregung geschrieben.«[56]

Goethe gehörte einer anderen Generation an als der 1733 geborene Wieland, und er lebte ein anderes Leben als der von einer bis ins vorgeschrittene Alter weiter wachsenden Kinderschar umgebene Wieland. Seine in den späteren Jahren wenig vorteilhafte Art, sich zu präsentieren (zu Hause im Schlafrock und mit Nachtmütze, in Gesellschaft mit Samtkäppchen), wurde von Goethe belächelt, auch stand sie in ihrer Provinzialität ganz im Widerspruch zu dem europäischen Anspruch der Zeitschrift Wielands, des *Neuen Teutschen Merkur*.

Wieland war gleichwohl ein etablierter Autor, der als Prinzenerzieher nach Weimar geholt worden war und sich

---

55  Christoph Martin Wieland an Johann Heinrich Merck am 13. Juni 1777, zit. nach: Tabea Dörfelt-Mathey u. a. (Hrsg.), *Christoph Martin Wieland: Ich bin und bleibe … Ihr ganz eigener Wieland*, Weimar 2014, S. 104 f.

56  Eckermann: *Gespräche mit Goethe in den letzten Jahren seines Lebens*, Bd. 1, S. 224.

sehr für das Theater als Bildungsanstalt gerade auch für die jungen Prinzen eingesetzt hatte. Die Herzogin Anna Amalia zählte ihn bis zum Lebensende zu ihren allerbesten Freunden.

Im Erdgeschoss des Hauses in der Marienstraße 1 wurde 1893 ein Laden eingebaut, und drei Jahre später richtete der Hoffotograf Louis Held hier sein Atelier ein. Ab 1912 betrieb er eines der ersten Lichtspielhäuser der Stadt auf der Hofseite in einem neuen Anbau. Das durch Luftminen 1945 beschädigte Gebäude, das dann nur noch aus den nördlichen zwei Dritteln bestand, wurde 1996 bis 1999 durch einen Neubau in der Gestalt von 1843 ergänzt. Das Fotoarchiv von Held wird von seinem Nachfolger, Stefan Renno, am gleichen Platz geführt und verwaltet, inklusive eines modernen Fotogeschäfts.

## 30. SCHILLERS WOHNUNG IN DER WINDISCHENGASSE (HEUTE: WINDISCHENSTRASSE) 8

Das Gebäude hatte sich der Ratsdiener Johann Christian Hauptmann 1767 / 1768 erbauen lassen. Ursprünglich besaß das heute von der Straße aus erkennbare Hauptgebäude noch zwei Seitenflügel, die bei der Sanierung 1990 jedoch nicht rekonstruiert wurden. Die Raumgliederung und die Treppe sowie die barocken Feldertüren blieben erhalten. Der Einbau eines Ladengeschäfts wurde 1847 realisiert, wobei die Absenkung der Fenster auf Straßenniveau erfolgte.

Schillers erster Aufenthalt in Weimar währte nur ein knappes Jahr (1787-1788). Seine Berufung als Professor an die Jenaer Universität 1789 ging vor allem auf Goethes Empfehlung zurück, der nach einem ersten Kennenlernen nach der Rückkehr aus Italien versuchte, den Dichter zugleich zu fördern und dennoch auf Abstand zu halten. In dem Aufsatz *Erste Bekanntschaft mit Schiller* beschreibt der zehn Jahre ältere Goethe dieses Ressentiment mit dem Wort »Missverhältnisse«, die ihn lange Zeit von dem Jüngeren entfernt hielten. Es habe eine grundsätzliche Verschiedenheit in der Denkungsart der beiden gegeben, die es Goethe nahelegten, Schiller zu meiden.

Schiller seinerseits, der lange herumvagabundiert war, träumte jetzt davon, sesshaft zu werden, und heiratete nach längerem Schwanken zwischen ihr und ihrer Schwester

Caroline (die allerdings schon verheiratet war ...) 1790 Charlotte von Lengefeld. Sie lebten in Jena.

Und dann gab es 1794 anlässlich eines Vortrags des Jenaer Botanikers Batsch an der Universität Jena doch ein Gespräch zwischen den Dichtern, das plötzlich die Mauer des Schweigens durchbrach. Goethe beschreibt die Szene: »Wir gelangten zu seinem Hause, das Gespräch lockte mich hinein; da trug ich die Metamorphose der Pflanzen lebhaft vor und ließ, mit manchen charakteristischen Federstrichen, eine symbolische Pflanze vor seinen Augen entstehen. Er vernahm und schaute das alles mit großer Teilnahme, mit entschiedener Fassungskraft; als ich aber geendet, schüttelte er den Kopf und sagte: das ist keine Erfahrung, das ist eine Idee.«[57] Schiller hat dasselbe Erlebnis in einem Brief an seinen Freund Körner am 1. September 1794 so beschrieben: »Bei meiner Zurückkunft fand ich einen sehr herzlichen Brief von Goethe, der mir nun endlich mit Vertrauen entgegenkommt. Wir hatten vor sechs Wochen über Kunst und Kunsttheorie ein langes und breites gesprochen und uns die Hauptideen mitgeteilt, zu denen wir auf ganz verschiedenen Wegen gekommen waren. Zwischen diesen Ideen fand sich eine unerwartete Übereinstimmung, die umso interessanter war, weil sie wirklich aus der größten Verschiedenheit der Gesichtspunkte hervorging. Ein jeder konnte dem anderen etwas geben, was ihm fehlte, und etwas dafür empfangen. Seit

---

57 *Der Briefwechsel zwischen Schiller und Goethe*, hrsg. v. Emil Staiger, Frankfurt am Main 1977, S. 13.

dieser Zeit haben diese ausgestreuten Ideen bei Goethe Wurzel gefasst, und er fühlt jetzt ein Bedürfnis, sich an mich anzuschließen, und den Weg, den er bisher allein und ohne Aufmunterung betrat, in Gemeinschaft mit mir fortzusetzen.«[58] Goethe arbeitete inzwischen an Schillers Zeitschrift *Die Horen* mit. Er brauchte ein geistiges Gegengewicht zum Hofleben, das ihm gerade auch wegen seines Verhältnisses zu Christiane Vulpius nicht mehr so viel bedeutete wie vor seiner Italienreise. Beide Dichter begannen zu korrespondieren – erneut also war der Brief das Medium, diesmal nicht der überbordenden Gefühlswelt wie in den Briefen an Frau von Stein, sondern als die Arbeit strukturierendes Mittel, ja sie anregend.

Der Briefwechsel Goethes mit Schiller, den die beiden Dichter bis zu Schillers Tod 1805 fortsetzten, ist einer der bedeutendsten Dichterbriefwechsel der Weltliteratur. Darin geht es um eine Selbstvergewisserung der ästhetischen Positionen, darin entwickeln sie unter anderem auch den berühmten Xenienstreit.

Fünf Jahre nach dem Beginn ihrer Freundschaft entschließt sich Schiller 1799 nach Weimar in die Nähe des Freundes zu ziehen: Hier ist es zwar teurer als in Jena, aber die Nähe zu Goethe, die gerade auch in der gemeinsamen Arbeit für das Theater fruchtbar gemacht werden soll, wiegt die Nachteile auf.

In der Wohnung in der Windischenstraße (und auf

58 Ebd., S. 15.

Schloss Ettersburg) entstanden seine Dramen *Maria Stuart* und *Die Jungfrau von Orleans*. Letzteres ist das einzige Stück Schillers, das nicht am Weimarer Hoftheater uraufgeführt wurde. Daneben beschäftigte sich Schiller mit Übersetzungen von Theaterstücken und ihrer Bearbeitung, denn er war auf diese Honorare angewiesen, um seine Familie ernähren zu können. Anders als Goethe erhielt er kein Spitzengehalt als Beamter, sondern lediglich eine feste jährliche Zuwendung durch den Hof – zunächst 200 Taler, ab 1799 400 Taler im Jahr – während Goethe 1799 2.000 Taler im Jahr verdiente, ab 1816 dann 3.000 und er außerdem noch sehr lukrative Honorare für seine Schriften erzielte.

Die Gedenktafel am Haus weist aus, dass Schiller mit seiner Frau Charlotte und dreien seiner Kinder bis 1802 hier lebte.

## 31. DAS SCHILLERHAUS AN DER ESPLANADE (HEUTE: SCHILLERSTRASSE)

Für Schiller stand um die Jahrhundertwende fest, dass er in Weimar bleiben wollte. Der Kontakt zwischen ihm und Goethe war für beide Dichter inzwischen lebenswichtig geworden. Aber das schöpferische Arbeiten war inmitten der kinderreichen Familie, die auf einer Etage lebte, nicht immer einfach. Die Windischengasse als solche war zudem ziemlich laut.

Daher ergriff der Dichter 1802 die Gelegenheit und erwarb gleich zwei zum Verkauf angebotene Häuser: Das größere ist ein um 1777 erbautes Haus an der Esplanade, dem aufgeschütteten Stadtgraben, wo man damals eine einzige Reihe von Häusern errichtete, aus denen man einen freien Blick in die Natur genießen konnte – dieser Blick war durch nichts außer Obstbäumen verstellt.

Der Kaufmann Johann Christoph Schmidt hatte das größere Haus als Hintergebäude seines in der Windischengasse befindlichen Elternhauses unter Einbeziehung der inneren Stadtmauer erbauen lassen. Das kleinere der beiden Häuser ist im rechten Winkel zur Stadtseite hin angebaut, die sogenannte »Alte Münze«, die aus dem 15. Jahrhundert stammt. Es handelt sich um die älteste bekannte Münzstätte Weimars. Zum Grundstück zählten außerdem ein Höfchen, ein kleiner Garten auf der Rückseite des Hauses und

eine Kegelbahn für die Kinder. Eine Mauer bildete den Übergang zum nächsten Haus. Die heutige Neugasse gab es noch nicht. Über einen rückwärtigen Ausgang in der Alten Münze konnte Schiller in die Stadt gehen. Er verschuldete sich stark, um das Gebäude von dem Kammerherrn Joseph Charles Mellish of Blyth für 4.200 Taler zu erwerben. Das Treppenhaus ließ er verlegen, um dadurch beide Häuser erschließen zu können. Leider hat Herzog Carl August Schiller bei dieser Erwerbung nicht unterstützt, so wie er es einige Jahre früher bei Goethe getan hatte.

Vergleicht man die privaten Häuser der beiden Dichterfürsten Weimars, das Goethes und das Schillers, so fällt bei Schiller der wesentlich bescheidenere Zuschnitt auf. Gewiss war es dennoch eine der schönsten Behausungen in Weimar, denn sie war auf allen Seiten von Gärten bzw. der Esplanade als einer Parkanlage umgeben, bot genügend Platz, war sonnig und still. Sie war sowohl ein Stadt- wie ein Gartenhaus. Leider gibt es im Gegensatz zu Goethes Wohnhaus hier kaum noch Gegenstände der ursprünglichen Einrichtung, was damit zusammenhängt, dass Schillers Kinder das Haus nach dem Tod ihrer Mutter 1826 verkauften. Einzig im Arbeitszimmer des Dichters gibt es noch Mobiliar, Kunst- und Gebrauchsgegenstände aus Schillers Besitz. Sie sind nach und nach wieder zurück nach Weimar gelangt, durch Schenkung oder Ankauf. 1847 erwarb die Stadt Weimar das Haus und richtete es als erste literarische Gedenkstätte Deutschlands ein, die einem interessierten Publikum zugänglich gemacht wurde.

Zu Schillers Umbauten gehörte auch eine Maßnahme, um seine Arbeitsbedingungen zu verbessern, in diesem Falle die Lichtverhältnisse. Er ließ in der Giebelwand links von seinem Schreibtisch ein weiteres Fenster einsetzen. Auch die Farbe der Fenstervorhänge, Karmesinrot, ging auf seinen Wunsch zurück, denn diese Farbe inspirierte ihn. An den Verleger Göschen schrieb er, beglückt über die neue Lebenssituation, mit einem eigenen Trakt für sich im zweiten Obergeschoss: »Ich habe nun alle Gedanken an das Weggehen von Weimar aufgegeben und denke hier zu leben und zu sterben.«[59]

Kurz nachdem er am 29. April 1802 eingezogen war, erhielt er von Goethe, der in Jena weilte, einen sehr freundschaftlichen Brief, verbunden mit – wie konnte es anders sein – erneuten Arbeitsaufgaben, die dieser ihm natürlich auch vergütete, denn Schiller war auf diese Einnahmen angewiesen.

Daneben wünschte Goethe, etwas über die vorgesehene Aufführung seiner *Iphigenie,* die Schiller für das Theater dramaturgisch bearbeiten sollte, zu hören, die sich wegen eines Schauspielerinnenwechsels verzögert hatte. Schiller, der Goethes Stück sehr schätzte, sah aber deutlich auch die Schwierigkeiten und antwortete Folgendes:

»Iphigenie wäre auf keinen Fall auf den nächsten Sonnabend zu zwingen gewesen, weil die Hauptrolle sehr groß

---

59  Zit. nach Fritz Kühnlenz, *Erlebtes Weimar,* 2. Auflage, Rudolstadt 1968, S. 84.

und schwer einzulernen ist. Es war schlechterdings nötig der Vohsin[60] Zeit dazu zu geben. Ich hoffe übrigens das Beste für dieses Stück, es ist mir nichts vorgekommen, was die Wirkungen stören könnte ... Besonders ist alles daran zu wenden, dass der Monolog gut exekutiert wird, weil er auf der Grenze steht, und wenn er nicht die höchste Rührung erweckt, die Stimmung leicht verderben kann. Ich denke aber, er soll eine sublime Wirkung machen.«[61]

Freundschaftlich unterstützte Schiller Goethe auch hinsichtlich der Aufgabe, in kürzester Zeit ein Festspiel zum Einzug der jungen Zarentochter Maria Pawlowna als Ehefrau des Thronfolgers Carl Friedrich am 9. November 1804 zu verfassen. Goethe hatte keinerlei Inspirationen, Schiller, damals schon sehr krank, erledigte klaglos die ihm übertragene Arbeit und schrieb *Die Huldigung der Künste.*

Goethe hat noch lange Jahre nach Schillers Tod betont, wie unterschiedlich sie beide gewesen seien, selbst im Physischen. So sagte er in den Gesprächen mit Eckermann: »Eine Luft, die Schillern wohltätig war, wirkte auf mich wie Gift.«[62] Das Beispiel ist vielfach zitiert worden: Goethe wartete auf den abwesenden Freund am Schreibtisch in Schillers Arbeitszimmer und wurde von einem Geruch gepeinigt, den er sich

---

60  Gemeint ist Friederike Voss bzw. Vohs, deren Porträt leider immer noch oft fälschlich als das von Christiane Vulpius gehandelt wird.

61  Friedrich von Schiller und Johann Wolfgang von Goethe, *Der Briefwechsel,* S. 953.

62  Johann Peter Eckermann, *Gespräche mit Goethe in den letzten Jahren meines Lebens,* Bd. 2, S. 606.

nicht erklären konnte und der ihm schier die Luft abpress-
te, bis Schillers Frau Charlotte kam und Aufschluss gab.
Goethe erholte sich währenddessen am offenen Fenster vom
Geruch der faulen Äpfel, die Schiller in der Lade des Schreib-
tischs aufbewahrte, weil dieser Geruch ihm wohltäte und
er ohne ihn nicht leben und arbeiten könne …

Trotz all dieser uns seltsam erscheinenden Versuche, sich
gesund und arbeitsfähig zu erhalten, setzte Schiller seine
schon seit Jahren virulente Lungenkrankheit massiv zu. Hervorgegangen war sie aus einer nicht auskurierten Bauchfell-
entzündung, sodass er im Laufe der Abfassung seines nächsten Dramas *Demetrius* immer stärkere Anfälle der Krankheit
erlitt und zunehmend schwächer wurde. Den letzten Brief
an Goethe schrieb Schiller am 25. April 1805, am 29. April
1805 hat er ihm noch einmal die Hand geben können, am
5. Mai war Schiller tot. Er wurde in der Nacht nach seinem
Tod im Kassengewölbe auf dem Jakobsfriedhof beigesetzt,
ein Begräbnisort für adlige Bürger der Stadt ohne eigenes
Familiengrab.

Im Zweiten Weltkrieg wurden die Schillerhäuser stark zerstört, schon 1946 aber wieder aufgebaut. Das Schiller-Museum, über das heute der Zugang zum Schillerhaus möglich
ist und das derzeit Wechselausstellungen der Klassik Stiftung Weimar gewidmet ist, ist nicht nur das einzige Litera-
turmuseum, sondern überhaupt das einzige Museum, das
zu DDR-Zeiten gebaut wurde.

## 32. DER ERSTE WOHNSITZ JOHANNA SCHOPENHAUERS IN WEIMAR

Östlich des Schillerhauses an der Esplanade (heute Schillerstraße), nur durch das Haus des Direktors der Freien Zeichenschule und Goethes Freund, Johann Heinrich Meyer, getrennt, stand unter der Hausnummer Schillerstraße 10 das leider 1896 abgerissene Hinterhaus eines Gebäudes der Windischenstraße, in das 1806 die damals 40 Jahre alte Witwe Johanna Schopenhauer mit ihrer Tochter Adele einzog. Ihr Mann war im Vorjahr durch einen Sturz aus dem Fenster ums Leben gekommen. Sie wollte an der Stätte dieses Dramas nicht länger verweilen, und Weimars literarischer Ruf hatte sie schon lange zuvor angezogen.

Johanna Schopenhauer entschloss sich auf ihrer Sondierungsfahrt, die ihr angebotene Wohnung in der Nähe des Theaters zu mieten. Das Haus gehörte der Hofrätin Ludecus, einer Schwester des Theaterdichters Kotzebue, die unter dem Pseudonym Amalie Berg selbst schrieb. Frau Schopenhauer mietete vier Zimmer, daneben einige Räume im ersten Stock, einen kleinen Garten und ein Nebengelass und kehrte nach Hamburg zurück, um die Übersiedlung vorzubereiten. Als sie die Wohnung anmietete, ahnte sie noch nichts von der politischen Situation, die Sachsen-Weimar erneut an der Seite Preußens in kriegerische Auseinandersetzungen mit Frankreich zwingen würde und dass diese just in Jena, Weimar und Umgebung eskalieren würden.

Doch als sie vierzehn Tage vor der Doppelschlacht bei Jena und Auerstedt – viele Bewohner Weimars flohen schon – mit Tochter Adele und ihrem Dienerehepaar eintraf, begriff sie die Situation schnell. Schlag auf Schlag ging es nun: Erst erfolgte die Schlacht bei Schleiz, dann die Schlacht bei Saalfeld. Daraufhin errichtete der preußische König am 11. Oktober sein Hauptquartier in Weimar. Seine schöne Gemahlin Louise begleitete ihn.

Am 12. Oktober meldete sich zunächst Friedrich Justin Bertuch bei Johanna Schopenhauer, um sie zu beruhigen. Wenig später stellte sich ein weiterer Besucher bei ihr ein. Sie schreibt: »Kurz darauf meldete man mir einen Unbekannten, ich trat ins Vorzimmer und sah einen hübschen ernsthaften Mann in schwarzem Kleyde der sich tief mit vielem Anstand bückte und mir sagte: Erlauben sie mir, Ihnen den Geheimen Raht Göthe vorzustellen, ich sah im Zimmer umher wo der Göthe wäre, denn nach der steifen Beschreibung die man mir von ihm gemacht hatte konnte ich ihn in diesem Mann nicht erkennen, meine Freude und meine Bestürzung waren gleich Gros, und ich glaube ich Habe mich deshalb besser genommen als wenn ich mich drauf vorbereitet hätte, wie ich mich wieder besann waren meine beyden Hände in den seinen und wir waren auf dem Wege nach meinem Wohnzimmer.«[63] Der Beginn einer Freundschaft

---

63 Vgl. Ludger Lütkehaus (Hrsg.), *Die Schopenhauers. Der Familien-Briefwechsel von Adele, Arthur, Heinrich Floris und Johanna Schopenhauer,* Zürich 1991, S. 82.

ist besiegelt. Die Herzogin Anna Amalia, der sie auch vorgestellt wird, rät Johanna, die Stadt zu verlassen, sie selbst reise auch ab. Aber Johanna kann keine Pferde mehr auftreiben.

Dann kommt der 14. Oktober, der Tag, der den Beginn ihrer Karriere als Schriftstellerin einläutet, denn ihr Bericht von den Ereignissen, den sie ihrem Sohn Arthur im Brief zuschickt, ist der Ausgangspunkt eines beachtlichen literarischen Werks.

Johanna Schopenhauer erlebt hautnah die Plünderung der Stadt nach der Schlacht von Jena und Auerstedt, bei der zahlreiche Bürger Weimars ihr Leben verloren. Sie selbst, lebensklug und aufgeklärt, erbittet sich einen französischen Offizier als Schutzgarde in ihr Haus und erhält diese Vergünstigung. Sie hilft nun anderen Menschen, stellt Speisen, Getränke, Verbandsmaterial zur Verfügung. Ihr Haus bleibt das einzige, das überhaupt nicht geplündert wird. Damit sowie mit ihrer Großzügigkeit den weniger Glücklichen gegenüber, begründet sie ihre gesellschaftliche Stellung in Weimar. Alles, was sie sich gewünscht hat, findet sich jetzt von selbst. Und mit diesem Gefühl etabliert sie den ersten im eigentlichen Sinne bürgerlichen Salon Weimars. Sie kann sogar dazu beitragen, dass Goethes gesellschaftliche Position verbessert wird: Er, der die Dankbarkeit zu seiner langjährigen Lebensgefährtin Christiane Vulpius durch ein reguläres Ehebündnis besiegelt hat, bringt sie am 20. Oktober 1806, am Tag nach der Trauung, mit zu Johanna Schopenhauer. Sie schreibt darüber an den Sohn Arthur: »Göthe hat sich

Sonntag mit seiner alten geliebten Vulpius, der Mutter seines Sohnes, trauen lassen, er hat gesagt, in Friedenszeiten könne man die Gesetze wohl vorbeigehen, in Zeiten wie die unsre müsse man sie ehren. Den Tag drauf schickte er D. Riemer den Hoffmeister seines Sohnes zu mir, um zu hören wie es mir gienge, den selben Abend ließ er sich bey mir melden, und stellte mir seine Frau vor, ich empfing sie, als ob ich nicht wüsste wer sie vorher gewesen wäre, ich dencke, wenn Göthe ihr seinen Namen giebt können wir ihr wohl eine Tasse Thee geben.«[64]

Johanna Schopenhauers Haus blieb noch für zwei weitere Jahre das einzige, in dem Christiane empfangen wurde, bevor dann schließlich andere Weimarer Familien nachzogen. Am 20. Dezember 1808 veranstaltete Christiane am Frauenplan die erste Teegesellschaft, die auch von adligen Damen Weimars besucht wurde. Caroline von Wolzogen, Schillers Schwägerin, hatte maßgeblichen Anteil am Gelingen dieses Vorstoßes, der Christiane die gesellschaftliche Akzeptanz verschaffte, die sie sich lange schon gewünscht hatte.

Wenngleich Johanna Schopenhauer nie eine Freundin Christiane von Goethes geworden ist, so blieben doch Goethe und sie, gerade auch über die künstlerisch begabte Tochter Adele, einander verbunden, und der Dichter besuchte den interessanten Salon Johannas regelmäßig.

64 Ebd., S. 107.

## 33. DAS WEIMARER THEATER

Seit dem Brand des Schlosses im Mai 1774, wo das Theater bis dato im Ostflügel residiert hatte, gab es kein Theater des Hofs mehr. Und auch kein Geld, ein neues zu errichten.

Daher musste es sich neu erfinden, was auch gelang: Es verwandelte sich in ein Liebhabertheater der Herzogin Anna Amalia, das im Redoutenhaus des Bauunternehmers Anton Georg Hauptmann auf dem Grundstück des heutigen Grundstücks Schillerstraße 18, damals Esplanade, seine erste Zufluchtsstätte fand. Derselbe Hauptmann wurde wenig später beauftragt, auf dem Platz gegenüber Herzogin Anna Amalias Wittumspalais ein Komödienhaus zu errichten. Das war im Jahr 1779. Dieses Gebäude wurde am 7. Januar 1780 eröffnet und bot dem Liebhabertheater für vier Jahre eine feste Bühne, die nicht wie zuvor bei Hauptmann wegen der dort auch stattfindenden Redouten beständig auf- und abgebaut werden musste.

Goethe war von Beginn seines Weimarer Aufenthalts der begehrteste Mitwirkende bei dem Liebhabertheater, sowohl als Autor als auch als Schauspieler. Nicht zuletzt war das Liebhabertheater ein Forum, auf dem sich Adlige und Bürgerliche in einer spielerischen Form begegnen und in kreativem Austausch miteinander anfreunden konnten. Die Truppe der »Liebhaber«, die vor allem aus Hofchargen bestand, die immer auch wegen ihres künstlerischen Talents von der Herzogin Anna Amalia eingestellt wurden, spielten begeistert leichte Lustspiele des deutschen und französischen Repertoires.

Ab 1777 wurde dann Goethes erstes eigens für Weimar geschriebenes Stück aufgeführt, *Die Mitschuldigen.* Es folgten aus seiner Feder *Die Laune des Verliebten,* die Singspiele *Erwin und Elmire, Jery und Bätely* sowie *Das Jahrmarktsfest zu Plundersweilern.* Auch andere Mitglieder des Liebhabertheaters wie Johan Joachim Christoph Bode, Friedrich Hildebrand von Einsiedel oder Carl Friedrich Sigismund von Seckendorff lieferten Stücke oder Singspiele. Die einzige professionelle Künstlerin des Liebhabertheaters war die von Goethe 1776 von Leipzig nach Weimar geholte Corona Schröter, die in der Uraufführung von Goethes Prosafassung der *Iphigenie auf Tauris* am 6. April 1779 die Titelrolle verkörperte.

Im Sommer entfaltete sich das Liebhabertheater auch auf den Landsitzen der Herzogin Anna Amalia in Schloss Ettersburg und Schloss Tiefurt. Aber es ergab sich schon in den 1780er Jahren ein Konflikt, denn Goethe und der Herzog erstrebten eine Professionalisierung des Theaters: Daher spielte von 1784 bis 1791 die von Herzog Carl August bestallte Truppe um Joseph Bellomo auf dem festen Theater. Nach Goethes Italienreise war die große Zeit des Liebhabertheaters vorbei.

1791, der Weimarer Hof hatte das Theatergebäude inzwischen angekauft, hieß das Komödienhaus dann Hoftheater und Goethe wurde sein Intendant. Er veranlasste einen Umbau durch den Stuttgarter Baumeister Nicolaus Friedrich von Thouret, der im Sommer 1798 rasch durchgeführt wurde, damit in der nachfolgenden Saison *Wallensteins Lager* von Schiller uraufgeführt werden konnte. Schwerpunkte von Goethes Theaterarbeit, in der Schiller ihn stark unterstützte, waren neben Aufführungen ihrer beider Stücke auch die Stücke von Shakespeare und Lessing. Im Opernfach wurde insbesondere Mozart favorisiert.

Seine Auffassung vom Theater legte Goethe 1803 in den 91 Paragraphen seiner *Regeln für Schauspieler* nieder, wo eine Verbindung von rhythmischer Deklamation, Körpersprache und Mimik gefordert ist, im Sinne einer höheren Einheit von Inhalt und Form.

Inzwischen war die in Mannheim ausgebildete junge Weimarer Sängerin und Schauspielerin Caroline Jagemann nach Weimar zurückgekehrt und am Theater engagiert. Ihre Kritik an den in ihren Augen teilweise nicht besonders qualifizierten Sängern und Schauspielern, insbesondere aber an Goethes Fähigkeiten als Intendant, wurde im Laufe der Zeit immer stärker. Seitdem sie außerdem ab 1801 die Geliebte bzw. Ehefrau zur Linken des Herzogs war und ihren Einfluss auf diesen gerade auch in den Theaterfragen geltend machte, drängte sie Goethe auf diesem Sektor immer stärker zurück: Ab 1806 übernahm sie de facto die Intendanz der Weimarer Oper, und 1817 gab Goethe resigniert die Verantwortung für das Theater ab. 1825 brannte das Theatergebäude ab. Ein neues Theater nach Plänen von Clemens Wenzeslaus Coudray konnte nach knapp sechs Monaten Bauzeit eröffnen. An seiner Stelle entstand 1908 ein Neubau, der

allerdings bei einem Bombenangriff 1945 ausbrannte. Das bislang letzte Gebäude an der Stelle des ehemaligen Hoftheaters wurde 1948 eingeweiht.

Das heutige Deutsche Nationaltheater steht in der Nachfolge des Weimarer Hoftheaters: Nach der Abdankung des letzten sachsen-weimarischen Großherzogs Wilhelm Ernst im Zuge der Novemberrevolution 1918 übernahm Ernst Hardt als Intendant das Theater und erklärte es am 19. Januar aufgrund seiner Bedeutung für die deutsche Kultur- und Theatergeschichte im Einvernehmen mit der provisorischen Weimarer Regierung programmatisch zum Deutschen Nationaltheater, was dadurch unterstrichen wurde, dass ab dem 6. Februar 1919 auch die Weimarer Nationalversammlung in dem Gebäude tagte. Gemeinsam mit dem Goethe-Schiller-Denkmal ist das Deutsche Nationaltheater ein ikonenartiges Bildmotiv, das für Weimar als Stadt der Kunst und Kultur steht.

## 34. DAS GOETHE-SCHILLER-DENKMAL AUF DEM THEATERPLATZ

Diesen Ort sah der Dichter nie, denn der Gedenkort für ihn und seinen Freund und Kollegen Friedrich Schiller wurde erst über 20 Jahre nach seinem Tod errichtet.

Großherzog Carl Alexander, der Herrscher der »Silbernen Zeit«, wie die zweite Hälfte des 19. Jahrhunderts Weimar betreffend genannt wird, verehrte Goethe tief. Er, 1818 geboren, hatte ihn als Kind noch persönlich kennengelernt, als er in regelmäßigen Abständen gemeinsam mit seiner Mutter Maria Pawlowna den alten Dichter und dessen Enkelkinder im Haus am Frauenplan besuchte und mit den kleinen Goethes spielte. Generell bewunderte der Großherzog – ebenso wie schon seine Mutter – die klassische Zeit, und er wollte an sie erinnern und sie dadurch neu beleben. In diesem Zusammenhang stehen auch seine Aufträge für die Dichterdenkmäler in Weimar, die Herder und Wieland gewidmet sind. Goethe und Schiller in einem Doppeldenkmal darzustellen, war ebenfalls sein Wunsch, aber es fehlte ihm das nötige Geld, galt es doch, ein weiteres Denkmal, nämlich das für seinen Großvater Carl August, zu planen und zu finanzieren. Schließlich hatte dieser die vier großen Dichter und Denker Weimars gefördert.

Schon damals gab es Sponsoren, man nannte sie nur noch nicht so, und für das Bronzedenkmal fand Carl Alexander einen solchen in Ludwig I. von Bayern. Dieser lehnte jedoch die Darstellung der beiden Dichter ab, wie Rauch sie geplant hatte, da er sie nicht in klassischer Kleidung zu sehen wünschte, sondern in zeitgenössischer. Der Auftrag ging dann an Ernst Rietschel, einen Schüler Rauchs.

Unter Mithilfe einiger professioneller Weimarer »Agenten des Nachruhms«, wie zunächst Ludwig von Schorn und Ludwig Preller, aber dann vor allem auch Adolf Schöll als Direktor der Zeichenschule und der Bibliothek in Nachfolge der Erstgenannten, konnten die Denkmäler nach und nach eingeweiht werden.

Zum »Herderfest« am 106. Geburtstag des Dichters und Theologen am 25. August 1850 wurde das von Ludwig Schaller geschaffene Herderdenkmal vor der Stadtkirche (auch Herderkirche genannt) präsentiert. An zwei aufeinanderfolgenden Tagen im September 1857, am 3. und am 4. September, wurden dann nacheinander die Denkmäler von Wieland (am entsprechend Wielandplatz genannten Ort) sowie das Goethe-Schiller-Denkmal vor dem Theater feierlich enthüllt. Zudem war am 4. September die 100. Wiederkehr des Geburtstags von Großherzog Carl August, Goethes Freund. An diesem Tag wurde der Grundstein für das Reiterdenkmal zu Ehren dieses bedeutenden Regenten von Sachsen-Weimar-Eisenach auf dem heutigen Platz der Demokratie gelegt.

Rietschels Lösung für das Goethe-Schiller-Denkmal war überraschend, jedenfalls für solche Menschen, die Goethe und Schiller noch gekannt hatten. Rietschel hatte nämlich nicht nur beiden eine bürgerliche Kleidung angemessen, er

hatte außerdem beschlossen, sie zu egalisieren, indem er die unterschiedliche Größe der Dichter einander anglich: Bei lebensgetreuer Wiedergabe hätte ein 1,80 Meter großer Schiller neben einem wenig mehr als 1,70 Meter großen Goethe gestanden. Doch wer war der Größere, betrachtet man die Leistung beider? Eine persönliche Meinung hatte Rietschel wahrscheinlich nicht, kannte aber sicherlich die Vorliebe des Großherzogs für Goethe, den körperlich Kleineren. Über die Anpassung der Größen gelang Rietschel darüber hinaus auch ihre symbolische Annäherung und die Verdeutlichung ihrer für beide lebenswichtigen dichterischen Freundschaft. In diesem Bronzedenkmal sind die beiden Dichter als Dioskuren, Brüder im Geiste und moralische Vorbilder der Deutschen vereint.

Im Zweiten Weltkrieg war das Denkmal fest eingehaust, um es vor Angriffen zu schützen. Kopien davon befinden sich unter anderem in San Francisco, Milwaukee und Cleveland. Zu den Todestagen der Dichter, am 22. März und am 5. Mai, werden am Denkmal regelmäßig Kränze niedergelegt. Immer wieder deponieren Touristen einzelne Rosen und lassen sich gern vor dem Denkmal ablichten: ein Beweis, in Weimar bei Schiller und Goethe gewesen zu sein!

## 35. DAS WITTUMSPALAIS

Nach wenigen Schritten über den Theaterplatz gelangt der Spaziergänger zu einem sich vom Straßenniveau weiter nach unten erstreckenden Gebäude der Barockzeit, dem Wittumspalais der Herzogin Anna Amalia, das ihr Sohn 1774 für sie als Witwensitz erworben hatte. Ursprünglich war in ihrem Heiratsvertrag die thüringische Exklave Allstedt als Witwensitz festgelegt worden, doch Anna Amalias Sohn Carl August legte Wert darauf, dass seine Mutter weiter in Weimar residierte. Er wollte ihre Fähigkeiten weiter gewinnbringend für seine Regentschaft und das Fürstentum nutzen. Sie verstand es nämlich, Menschen bürgerlicher Herkunft und Adlige mit künstlerischen und wissenschaftlichen Fähigkeiten in Kontakt zu bringen und mit Geselligkeiten und abendlichen Zirkeln das Gespräch anzuregen. Das Wittumspalais erschien ihm für gesellige Zusammenkünfte solcher Art sehr geeignet zu sein.

Der Eingang ist linker Hand, ein paar Schritte die Straße Am Zeughof hinab. Man nimmt einige Stufen treppab und durchquert den Hof: 1767 im Auftrag des Ministers von Fritsch erbaut, wurden Teile des angrenzenden früheren Franziskanerklosters vom Ende des 16. Jahrhunderts integriert. Das Gebäude strahlte repräsentativen Glanz aus, zumal sich westlich ein größerer Garten mit Pavillon, der frühere Klostergarten, anschloss, der sich bis zum Erfurter Tor erstreckte und erst 1820 zur Bebauung freigegeben wurde.

Hier residierte die Herzogin 33 Jahre lang, vor allem im Winter, da sie sommers zumeist in Schloss Ettersburg, später in Tiefurt weilte. Die Besichtigung lohnt sich, da der Wohnkomfort bar jedes übertriebenen Prunks hier besonders greifbar wird. Anna Amalia ließ das Gebäude durch einen niedrigeren Flügel am Theaterplatz erweitern. Der Festsaal wurde von Adam Friedrich Oeser aus Leipzig gestaltet, der auch für den Vorbesitzer schon die Innenausstattung entworfen hatte. Das Deckengemälde im Festsaal stammt ebenfalls von Oesers Hand, der in Leipzig bereits Goethes Zeichenlehrer gewesen war. Darin kommt das Motiv der Minerva zur Darstellung – es symbolisiert Anna Amalia in der Funktion als Landesmutter sowie Schutzpatronin der Künste.

Zeitlebens blieb die Herzogin modebewusst und passte ihren Einrichtungsstil alle zehn Jahre den veränderten Geschmacksvorstellungen an, die vor allem in Weimar stark von Goethes an der klassischen Architektur und Kunst orientierten Vorstellungen inspiriert wurden. Anna Amalias Einrichtungsgegenstände wurden wiederum in der führenden Modezeitschrift der damaligen Zeit, dem *Journal des Luxus und der Moden* des Weimarer Unternehmers Friedrich Justin Bertuch gelobt, teilweise sogar zum Nachbau oder zum Verkauf durch das Landesindustriecomptoir Bertuchs angeboten.

Bei ihr verkehrten Dichter, Künstler und Wissenschaftler, darunter die Professoren der Universität Jena und andere interessierte Zeitgenossen, denn die Herzogin fühlte sich, von den Regierungsgeschäften entbunden, im Kreise intel-

lektueller oder künstlerischer Menschen sehr wohl. Sie in-augurierte die »Tafelrunde«, diese war, wenn Ettersburg im Winter für Treffen ausfiel, eine wichtige Möglichkeit, sich über Selbstgeschriebenes, Gelesenes, Malerei oder Musik auszutauschen, wobei alle Eingeladenen aufgefordert waren, gelegentlich zur Unterhaltung beizutragen.

Die seit seiner Ankunft enge Beziehung zwischen Goethe und der Herzogin sowie deren Entourage, zu der auch vor allem die scharfzüngige kleinwüchsige Hofdame Louise von Göchhausen gehörte, führte dazu, dass Goethe, wie auch Wieland, später Herder und Schiller zu den Runden der Herzogin geladen waren, in denen gemeinsame Lektüre, Vorlesen und Rezitieren, Vorträge, Diskussionen, Gesang und Instrumentalmusik sowie auch Glücksspiele gepflegt wurden. Der Montagabend, später der Mittwochabend, war diesem Zirkel vorbehalten. Er hatte Vorbildwirkung für weitere von adligen oder auch bürgerlichen Gastgebern initiierte Kreise, so etwa bei Herder, 1801/1802 auch bei Goethe.

Nach den Italienreisen Goethes (1786-1788) und der Herzogin (1788-1790) trat eine Entfremdung zwischen den beiden ein. Hierbei war besonders Goethes neue veränderte Auffassung vom Theater, seine inzwischen starke Ablehnung des Dilettantismus, den Anna Amalia als das ihr gemäße Kunstideal weiter pflegen wollte, ein wichtiger Punkt.

Wer jedoch davon ernsthaft sprechen wollte, dass Anna Amalia und Goethe ein Liebespaar gewesen wären, unter-drückt entscheidende Dokumente bzw. ordnet sie vollkommen falsch ein. Diese Hypothese[65] kann in den Bereich der Sensationsmacherei verwiesen werden.

---

65 Ettore Ghibellino, *J.W. Goethe und Anna Amalia. Eine verbotene Liebe*, Weimar 2003.

## 36. DAS GOETHE-DENKMAL IM NEUEN MUSEUM

Die Weimarer Schriftstellerin Adelheid von Schorn, die sich im 19. Jahrhundert ausführlich mit der Goethezeit beschäftigt hat, berichtet über die Einweihung des Neuen Museums am 27. Juni 1869, damals als Großherzogliches Museum. Sie schreibt: »In dem geschmückten Vorraum nahm das großherzogliche Paar mit den beiden Prinzessinnen vor der Treppe Platz, zu Füßen der großen Goethestatue mit der Psyche, die in das unfertige Haus gebracht und eingebaut worden war. Baumeister Zitek übergab die Schlüssel an Staatsrat Stichling, den Chef des Kulturdepartements, mit dem Spruch: ›Mit Gottes Hilfe vollendet ist der Bau – den Musen ein Tempel – zum Ruhm für Fürst und Land.‹« Adelheid von Schorn führt aus, wie der Goethe verehrende Großherzog Carl Alexander 1852 in sein geliebtes Italien gereist war. Dort »fanden sie den Bildhauer Steinhäuser in Rom an der Arbeit einer sitzenden Goethestatue mit der Psyche, die Bettina v. Arnim entworfen und bei ihm bestellt hatte«. Bettina von Arnim war von Goethe schon als Jugendliche fasziniert und verlieh ihrer platonischen Liebe zu dem viel älteren Dichter in ihrem 1835 erschienenen Buch *Goethes Briefwechsel mit einem Kinde* Ausdruck, wo die Zeichnung ihres Denkmals auch abgedruckt ist. Angemerkt sei, dass sie den ursprünglichen Briefwechsel vor der Veröffentlichung stark bearbeitet hat.

Weiter schreibt Adelheid von Schorn: »Steinhäuser hatte den Auftrag übernommen, aber es zeigte sich, daß Bettina nicht wußte, womit sie die Zahlung leisten solle.« Schließlich kaufte die Erbgroßherzogin Sophie von Sachsen-Weimar die Statue an. Die Gemahlin des Thronfolgers Carl Alexander war eine geborene Prinzessin von Oranien und mit einer stattlichen Mitgift versehen. Alles geschah wohlgemerkt zu Zeiten, als noch sein Vater, Carl Friedrich, regierte.

Den ursprünglich vorgesehenen teuren Marmorsockel ließ man allerdings zunächst nicht anfertigen.

Adelheid von Schorn schildert nun den abenteuerlichen Transport der Statue, die auf dem Wasserweg von Rom bis Magdeburg reiste: »Der damals in Weimar wohnende und arbeitende Bildhauer Hoyer wurde nach Magdeburg geschickt, um den Transport zu leiten. Da das Museum, für das dieses Denkmal bestimmt war, noch nicht existierte, wurde das Tempelherrenhaus zu seinem Aufenthalt bestimmt.« Erst am 16. Dezember meldete die *Weimarische Zeitung*, dass die Statue an ihrem Platz stehe und dem Publikum zugänglich sei. Von Schorn fährt fort: »Der Transport vom Bahnhof durch die Stadt hatte mehrere Tage gedauert und die Gemüter sehr erregt. Holzschienen wurden durch die Straßen gelegt, und sechs Ochsen zogen das hölzerne Haus im langsamen Schritte vorwärts. Im Park sank stellenweise der Boden ein; die unterirdischen Gewölbe, die ihn durchziehen, konnten die Last nicht tragen ... Bald darauf kam Bettina, um sich ihre Statue anzusehen ... Welche Töchter

sie mit hier hatte, weiß ich nicht mehr, ich erinnere mich auf diesem Wege nur an Gisela, die jüngste, die ihre Mutter zu beruhigen suchte, als diese einen Wutanfall vor der Statue bekam. Zuerst erschraken wir, aber dann siegte die Komik, denn die kleine Frau sprang wie besessen umher und rief: ›Das soll mein Goethe sein? – das *meine* Psyche? Schäme dich, Steinhäuser, und komme mir nicht unter die Augen – solch ein Monstrum, und solch einen Knirps soll ich erdacht haben?‹«[66]

Diese Tableaus verdeutlichen gut, welche Bedeutung Goethe weit über Weimar hinaus hatte, und auch, dass ihm von aus weiter Ferne Angereisten Bewunderung zuteilwurde, bis hin zu fast absurd wirkenden Sympathiebekundungen.

Heute kann der Weimarbesucher diese Monumentaldarstellung Goethes mit der Psyche im Treppenaufgang des Neuen Museums in Weimar bewundern. Das zweite Hauptwerk in diesem Museum, der Preller-Zyklus, verbindet sich über seinen Schöpfer auch wieder mit Goethe: Er wurde früh auf den jungen Friedrich Preller (1804-1878) aufmerksam, der an der Weimarer Mal- und Zeichenschule studierte, um die sich Goethe seit jeher kümmerte, die jedoch an zu vielen Orten ansässig gewesen ist, als dass man sie hier gut darstellen könnte. Goethe förderte Prellers Aufenthalt bei Joseph Anton Koch 1826 in Italien, damit er als dessen Schüler das klassizistische Kunstideal besser umzusetzen lern-

66  Aus: Adelheid von Schorn, *Das nachklassische Weimar*, 2 Bände, Weimar 1912, S. 23-25.

te. Lange nach Goethes Tod erhielt der nach Weimar zurückgekehrte Friedrich Preller vom Großherzog dann den Auftrag, einen großen Odysseus-Zyklus für das Neue Museum zu schaffen. Das Neue Museum ist vor kurzem in neuer Einrichtung wiedereröffnet worden und präsentiert in einer Dauerausstellung die spannende Vorgeschichte des Bauhauses in Weimar.

# 37. DIE ALTENBURG

Jenseits der Ilm gelegen ist die Altenburg an der Jenaer Straße 3 ein stattliches Anwesen, das sich Herzog Carl Augusts Oberstallmeister und Generalmajor Friedrich von Seebach 1811 errichten ließ. Es war eines der wenigen Bauwerke, die während der napoleonischen Besatzungszeit entstanden sind und eines der ersten Wohngebäude auf der östlichen Ilmseite. Die Empfangsräume befanden sich, wie damals üblich, im ersten Obergeschoss: Kamine, Türen und Dielenfußböden sowie die Haupttreppe weisen noch den damaligen Baubestand auf.

Seebach plante für alle Reisen sowie die Feldzüge des Herzogs Carl August die Versorgung mit Pferden, Kutschen und anderen Gefährten. Auf vielen von ihnen war bekanntermaßen auch Goethe dabei.

Seebach und Goethe verstanden sich gut, wenngleich der Oberstallmeister ein wortkarger Mann der Tat war. 1792 waren beide gemeinsam mit dem Herzog Carl August auf dem Feldzug in der Champagne gewesen, und Goethe schilderte dessen Tatkraft in seiner »Campagne in Frankreich« unter dem Datum des 27. Septembers 1792: »Es herrschte eine allgemeine große Hungersnot« heißt es da, »unserer nächsten Umgebung war jedoch eine Beihilfe zugedacht. Man sah in der Ferne zwei Wagen festgefahren, denen man, weil sie Proviant und andere Bedürfnisse geladen hatten, gerne zu Hilfe kam. Stallmeister von Seebach schickte sogleich

Pferde dorthin; man brachte sie los, führte sie aber auch sogleich des Herzogs Regiment zu; sie protestierten dagegen, als zur österreichischen Armee bestimmt, wohin auch wirklich ihre Pässe lauteten. Allein man hatte sich einmal ihrer angenommen; um den Zudrang zu verhüten und sie zugleich festzuhalten, gab man ihnen Wache, und da sie auch von uns bezahlt erhielten, was sie forderten, so mussten sie auch bei uns ihre eigentliche Bestimmung erhalten.«[67]

Gemeinsam erlebten sie auch das Jahr 1806 mit der schrecklichen Schlacht bei Jena und Auerstedt, und schließlich den Sieg über Napoleons Truppen 1813. Der Dichter war ein gern gesehener Gast auf der Altenburg, bis die heitere Geselligkeit dort nach dem Tod Henriette von Seebachs vorerst endete.

Auch bei der Gartengestaltung spielte die Altenburg für Goethe eine Rolle. Genau wie Oberst von Seebach auf der Altenburg sein Grundstück gegen die Brücke, die Burgmühle und die Straße abgegrenzt hatte, wollte Goethe dies im Frühsommer des Jahres 1822 auch gegen seine ihn störenden Nachbarn im Osten des Grundstücks am Frauenplan tun, nämlich durch das Setzen einer Mauer, die er mit vorkragenden Steinen abschloss und mit Platten für blühende Blumentöpfe bestückte. Diese Lösung empfahl er seinem Sohn August zur Ausführung.

Mit Franz Liszt zog neues Leben in die Altenburg ein: Liszt wurde 1848 von Maria Pawlowna, der Schwiegertoch-

---

67 *Goethes Werke*, HA, Bd. 10, S. 242 f.

ter Carl Augusts, als Leiter der Hofkapelle berufen, zunächst mit dem Titel eines Hofkapellmeisters in »außerordentlichen Diensten«. Die Altenburg wurde damals der Lebensgefährtin Liszts, der Fürstin Carolyne von Sayn-Wittgenstein, als Wohnsitz zur Verfügung gestellt, während Liszt offiziell im Hotel Erbprinz wohnte.

Binnen kurzem war das gesellige Leben des künstlerisch avantgardistischen Kreises auf der Altenburg nahezu europaweit ein Anziehungspunkt. Liszt schlug Großherzog Carl Alexander die Gründung einer Goethe-Stiftung (*fondation Goethe*) vor, die deutsche Musik, Dichtung, Malerei und Bildhauerei und auch die Architektur fördern sollte.

Diese Stiftung wurde trotz der ideellen Unterstützung durch zahlreiche bedeutende Namen nicht ins Leben gerufen, da das notwendige Kapital nicht aufgebracht werden konnte. Stattdessen knüpfte Liszt in anderer Hinsicht erneut an Goethe und dessen Hauptwerk, den *Faust,* an: Es sind die Symphonischen Dichtungen, die er in Weimar »erfand«, und das prominenteste Beispiel dafür ist die *Faust*-Symphonie. Sie entstand in dem Bestreben, die klassische Zeit in einer modernen Komposition wiederzubeleben. *Faust*-Opern wurden im 19. Jahrhundert ein modisches Erfolgsprodukt. All dies nahm von der Altenburg seinen Ausgang.

# 38. DAS GOETHE- UND SCHILLER-ARCHIV

Auch dies ist ein Goethe-Ort, den er selber nicht kannte. Das Gebäude wurde erst lange nach Goethes Tod und auch dem Tod seines letzten Enkels, Walther von Goethe, errichtet. Aber diese Schatzkammer, die seinen handschriftlichen Nachlass, den seines Freundes Schiller und zahlreicher weiterer Dichter und Denker enthält, für die in Weimar eine Ruhestätte ihrer Autographen gesucht wurde, hätte aus vielen Gründen sicherlich Gnade vor seinen Augen gefunden.

Das Archiv erhebt sich jenseits der Ilm, es ist weithin sichtbar und bildet nicht von ungefähr auch baulich einen Konterpart zum Residenzschloss: Die Ehefrau des Großherzogs Carl Alexander, Sophie, war die Erbin des Goethe'schen Dichternachlasses, so wies es Walther von Goethes Testament von 1885 aus. Ihr Kommentar zu dieser Erbschaft wird so überliefert: »Ich habe geerbt, und Deutschland und die Welt soll mit mir erben.« Sie hatte die großen Hoffnungen der Goethe-Freunde und -Kenner wohl vor Augen und wollte sie nicht enttäuschen. Schon lange scharrten die Goetheforscher in ganz Deutschland mit den Hufen, wollten eine Biographie Goethes erstellen, angereichert mit authentischem Material, wollten eine komplette Ausgabe der Werke Goethes herausgeben. Dies war nicht möglich ohne Zugang zum gesamten schriftlichen Nachlass des Dichters und ohne Forschung zur Editionsgeschichte der Werke. Außerdem musste dieser bedeutendste Dichternachlass in Deutschland samt seiner Korrespondenz erst einmal angemessen archiviert und konserviert werden. Für die Großherzogin stand außerdem fest: Das neue Archiv musste ein intellektueller Mittelpunkt der Goetheforschung werden, es sollte die Forschung in großem Stil unterstützen und steuern.

Zunächst bewahrte die Großherzogin den Nachlass, der in großen Körben zu ihr gebracht worden war, im Schloss auf, dort also befand sich für einige Jahre das Goethe-Archiv. Doch als sich 1889 Schillers Nachkommen, seine Enkel und Urenkel, die Freiherren Ludwig und Alexander von Gleichen-Rußwurm, entschieden, den handschriftlichen Nachlass Friedrich Schillers ebenfalls an Großherzogin Sophie zu geben, benannte sie das Archiv um in »Goethe- und Schiller-Archiv« und beschloss, ihm ein eigenes Gebäude zu geben. Nach dem Vorbild des kleineren der beiden Lustschlösser im Park von Versailles, dem Petit Trianon, wurde es in den Jahren 1893 bis 1896 aus Berkaer Sandstein errichtet, dies mit der Unterstützung der 1885 in Weimar neu gegründeten Goethe-Gesellschaft.

Am 24. Juni 1896, dem Geburtstag des Großherzogs, erfolgte die feierliche Einweihung des neoklassizistischen Gebäudes im Louis-Seize-Stil von Otto Minckert. Die von Carl Rumpf gestalteten Büsten Goethes und Schillers im Treppenhaus, diejenigen von Großherzogin Sophie und Großherzog Carl Alexander von Karl Donndorf im Mittelsaal verweisen auf die ursprünglichen Nachlassgeber und die fürstlichen Protektoren derselben.

Daneben beförderte die Großherzogin das damals bedeutendste editorische Projekt Deutschlands: Die Weimarer oder Sophien-Ausgabe der Werke Goethes, deren erste Bände bereits 1887 erschienen. In den Jahren bis 1919 sollten in vier Abteilungen, den dichterischen Werken, den naturwissenschaftlichen Schriften, den Tagebüchern und den Briefen, insgesamt 143 Bände veröffentlicht werden. Diese Ausgabe der Werke Goethes, auch WA abgekürzt, ist, was den Textbestand angeht, bis heute die umfassendste von Goethes Werk, wenngleich sie unter anderem wegen des fehlenden Kommentars und des umständlichen Umgangs mit dem Register viele Wünsche offenlässt. Hier sind sowohl die Frankfurter wie die Münchner Ausgabe wesentlich ergiebiger.

Der erste Direktor des Archivs war Erich Schmidt, zwei Jahre später folgte ihm Bernhard Suphan. Großherzogin Sophie erwies sich als verantwortungsvolle Bewahrerin und Mehrerin des ihr anvertrauten Schatzes: Dem Verleger Cotta hatte sie den Briefwechsel zwischen Goethe und Schiller abgekauft, weitere Goethe-Manuskripte erwarb sie aus Privatbesitz. Neue Stiftungen traten an das Archiv heran, so diejenige Ulrike von Levetzows. Wenig später erfolgte der Erwerb des Archivs des Kanzlers von Müller, eines der wenigen Vertrauten Goethes im Alter und seines Testamentsvollstreckers. Friedrich Hebbels Witwe stiftete den Nachlass ihres Mannes, die Nachlässe Herders und Wielands kamen hinzu.

Heute werden hier mehr als 130 geschlossene Nachlässe und Handschriften von mehr als 600 literarisch und kulturhistorisch bedeutenden Persönlichkeiten aufbewahrt, darunter finden sich die Nachlässe von Georg Büchner, Achim von Arnim, Karl Immermann, Ferdinand Freiligrath, Fritz Reuter und Otto Ludwig ebenso wie Handschriften Thomas Manns oder Johannes R. Bechers. Ab den 50er Jahren des 20. Jahrhunderts öffnete sich das Archiv auch für Nachlässe von Malern und Komponisten. Vor allem aber sind im Goethe- und Schiller-Archiv neben den Nachlässen von Goethe, Schiller, Herder und Wieland Handschriften aus dem gesamten Weimarer Goethe-Umkreis konserviert.

Seit der Eröffnung des Archivs beschäftigen sich die Archivare dort nicht nur mit der Konservierung dieser Nachlässe, sondern mit den anspruchsvollsten Editions- und Forschungsprojekten, etwa mit der Schiller-Nationalausgabe (seit 1940, inzwischen liegen 54 Bände vor), mit der historisch-kritischen Ausgabe der Werke Achim von Arnims (geplant sind 40 Bände), mit der Heine-Säkularausgabe, die auch seine Werke in französischer Sprache enthalten wird, und immer wieder mit Goethe, zurzeit unter anderem mit der Regestausgabe der Briefe an den Dichter (immerhin über 19.000) und den großen historisch-kritischen Ausgaben von Goethes Tagebüchern und Briefen, die nun erstmals vollständig und ausführlich kommentiert vorgelegt werden.

Das Goethe- und Schiller-Archiv bietet wie seit seiner Eröffnung für Geisteswissenschaftler komfortable Arbeitsbedingungen. Interessierte Einzelpersonen bzw. Gruppen können Führungen mitmachen oder vereinbaren, es gibt Wechselausstellungen im Mittelsaal und einen regen Vortragsbetrieb.

Goethe hätte dieses Archiv sicher sehr geschätzt, wie er überhaupt von Kindheit an gelernt hatte, wie wichtig ein sorgsamer Umgang mit wichtigen Materialien ist, seien es Manuskripte, Bücher, Bilder oder andere Sammlungsgegenstände.

# 39. HISTORISCHER FRIEDHOF MIT FÜRSTENGRUFT UND RUSSISCH-ORTHODOXER GRABKAPELLE

Traditionell wurden Weimarer Bürger auf dem Jakobsfriedhof bestattet, wo sich das erwähnte Kassengewölbe, Schillers erster Begräbnisort, befindet und wo auch Christiane von Goethe seit 1816 begraben liegt. 1818 musste dieser Friedhof jedoch wegen Überfüllung geschlossen werden.

Das neue Friedhofsgelände war bereits Jahre zuvor bestimmt worden: Der Schießplatz südlich des Poseck'schen Gartens wurde durch eine Schenkung Carl Augusts zum neuen Friedhof, und der Stadtrat hatte ein weiteres Grundstück dazugekauft. Am Karfreitag 1818 wurde dieser Gottesacker als »Neuer Friedhof« eingeweiht. Vorbilder waren die Herrnhuter Anlagen und der Dessauer Friedhof, wobei Goethes und Carl Augusts dort entwickelte ästhetische Vorstellungen hier zum Tragen kamen. Eine Längsallee teilt das trapezförmige ansteigende Gelände mit altem Baumbestand.

Am höchsten Punkt im Süden wurde in den Jahren 1822 bis 1827 in bei aller Einfachheit großer Würde die Fürstengruft errichtet, nach dem Entwurf des von Goethe und Carl August geschätzten Baumeisters des Klassizismus, C. W. Coudray. Die Treppe im Inneren des kleinen Tempels führt hinab in die eigentliche Gruft.

1824 wurden die Särge von insgesamt vierzig seit dem

17. Jahrhundert verstorbenen Angehörigen der fürstlichen Familie Sachsen-Weimar und Eisenach aus der ehemaligen Schlosskirche hierher überführt. Großherzog Carl August hatte sich darüber hinaus gewünscht, gemeinsam mit seinen Dichterfreunden Schiller und Goethe begraben zu werden. In diesem Kontext fand dann die Exhumierung der Schiller'schen Gebeine – oder was dafür gehalten wurde – am 16. Dezember 1827 durch den damaligen Bürgermeister Weimars, Schwabe, statt. Es schloss sich die seltsame Identifizierung des angeblichen Schiller'schen Schädels aus einer Zahl von insgesamt 13 geborgenen Schädeln an. Ein Jahr später fand das, was man damals für Schillers sterbliche Überreste hielt, in einem Sarg in der Fürstengruft mit der Aufschrift »Schiller« seine Ruhestätte, nun bereits Seite an Seite mit dem Sarg Großherzogs Carl Augusts, der am 16. Juni 1828 verstorben war.

Zwei Jahre später bezog Großherzogin Louise, der »Engel«, wie Goethe sie genannt hatte, als er 1775 nach Weimar gekommen war, ihre letzte Ruhestätte in der Fürstengruft, und 1832 folgte als letzter der vier großen Dichter (Herder war im Dezember 1803 verstorben, Wieland 1813) Goethe selbst.

Goethes Tod war für ganz Deutschland ein trauriges, das Ende einer Kunstepoche einleitendes Ereignis. Der Dichter war bereits seit Mitte März krank, dann waren seine Beschwerden stark und beunruhigend geworden, bis er am 22. März verstarb. Der treue Eckermann, mit dem Goethe in den letzten Jahren seines Lebens regelmäßige Gespräche geführt hatte, beschreibt seinen Besuch bei seinem toten

Meister wie bei einem fast wie ein Heiliger verehrten Über-
menschen:

»Am andern Morgen nach Goethes Tod ergriff mich eine
tiefe Sehnsucht, seine irdische Hülle noch einmal zu sehen.
Sein treuer Diener Friedrich schloss mir das Zimmer auf, wo
man ihn hingelegt hatte. Auf dem Rücken ausgestreckt, ruh-
te er wie ein Schlafender; tiefer Friede und Festigkeit walte-
te auf den Zügen seines erhaben-edlen Gesichts. Die mäch-
tige Stirn schien noch Gedanken zu hegen. [...] Friedrich
schlug das Tuch auseinander, und ich erstaunte über die
göttliche Pracht dieser Glieder. Die Brust überaus mächtig,
breit und gewölbt; Arme und Schenkel voll und sanft mus-
kulös; die Füße zierlich und von der reinsten Form; und
nirgends am ganzen Körper eine Spur von Fettigkeit, oder
Abmagerung und Verfall. Ein vollkommener Mensch lag in
großer Schönheit vor mir, und das Entzücken, das ich darüber empfand, ließ mich auf Augenblicke vergessen, dass
der unsterbliche Geist eine solche Hülle verlassen ...«[68]

Hatte man den Dichter im Leben nicht von seiner
Christiane trennen können, so war diese Trennung im Tod
gelungen: Goethe und Schiller ruhen an der Seite ihres Fürsten und Mäzens, Christiane auf dem Jakobsfriedhof.

In der Zeit der DDR führte die Fürstengruft den Namen
Goethe- und Schillergruft, um das Mäzenatentum, den Na-

---

68 Johann Peter Eckermann, *Gespräche mit Goethe* (Vollst. Text
   nach dem 24. Bd. der Gedenkausgabe der Werke, Briefe und
   Gespräche J. W. Goethes im Artemis Verlag, 3. Aufl. Zürich
   1976), München 1999, S. 520 f.

men und die Bedeutung des sachsen-weimarischen Fürstenhauses zu unterdrücken, doch seit der Wende ist der ursprüngliche Name wieder eingeführt worden.

Nachzutragen bleibt, dass die DNA-Analyse, die die Klassik Stiftung Weimar 2008 an exhumierten Gebeinen von Schillers Schwester und anderer Verstorbener aus dem Umfeld des Hofs hat durchführen lassen, ergeben hat, dass weder der im 19. Jahrhundert geborgene Schädel der von Schiller sein kann noch auch der zu Beginn des 20. Jahrhunderts erneut im Kassengewölbe zutage geförderte zweite Schädel, der in einem unetikettierten Sarg in der Fürstengruft platziert worden war. Der zuletzt geborgene Schädel gehörte jedoch einer anderen Person des Weimarer Ensembles: Es handelt sich um die Hofdame Anna Amalias, Louise von Göchhausen, in deren erhaltener Abschrift Goethes *Urfaust* zu uns gekommen ist. Der Dichter selbst hatte die erste Stufe des Dramas vernichtet.

# 40. SCHLOSS UND PARK BELVEDERE

Nur drei Kilometer südlich von Weimar am Ende einer leicht bergauf führenden Kastanienallee gelegen ist das ursprünglich kleine Jagd- und Lustschloss des Herrschers der Barockzeit, Ernst August von Sachsen-Weimar. Es war einst bekannt als Fasanenhaus auf der Eichenleite und ist das bedeutendste unter den etwa 25 von diesem jagd- und bauwütigen Fürsten erbauten Kleinschlössern und Pavillons. Der Aus- und Umbau der Anlage, die aus mehreren Pavillons und Kavaliershäusern samt dem eigentlichen Schloss besteht, wurde 1736 im Wesentlichen abgeschlossen, von einigen Elementen der Innenausstattung abgesehen.

Die das Schloss umgebende 43 Hektar große, vielfältige Gartenlandschaft hat im Laufe der Zeit verschiedene Umgestaltungen erfahren und präsentiert sich heute in weiten Teilen als englischer Park.

Goethe hat sich gemeinsam mit dem Hof sehr oft hier aufgehalten, sodass ein Raum im Obergeschoss des Hauptschlosses »Goethezimmer« heißt. Wie beliebt Belvedere schon unter Herzogin Anna Amalia, dann unter Carl August war, spiegelt folgendes Gedicht Goethes von 1813 wider:

*Die Lustigen von Weimar*

*Donnerstag nach Belvedere,*
*Freitag geht's nach Jena fort;*

*Denn das ist, bei meiner Ehre,*
*Doch ein allerliebster Ort!*
*Samstag ist's worauf wir zielen,*
*Sonntag rutscht man auf das Land;*
*Zwätzen, Burgau, Schneidemühlen*
*Sind uns alle wohlbekannt.*

*Montag reizet uns die Bühne;*
*Dienstag schleicht dann auch herbei,*
*Doch er bringt zu stiller Sühne*
*Ein Rapuschen frank und frei.*
*Mittwoch fehlt es nicht an Rührung:*
*Denn es gibt ein gutes Stück.*
*Donnerstag lenkt die Verführung*
*Uns nach Belveder' zurück. [...]*[69]

Goethe war in mehr als einer Hinsicht an das Schloss und die Anlagen gebunden, und er war dort auch produktiv, hat etwa seinen in Italien geschriebenen *Tasso*, das Drama des unverstandenen Künstlers, einen gesteigerten, vollkommeneren *Werther*, wie Richard Friedenthal es ausgedrückt hat, 1789 in Belvedere fertiggestellt.

Aufenthalte in Belvedere gehörten aber bereits zu den frühen Erfahrungen Goethes, der am 27. Mai 1777 in seinem Tagebuch notiert: »Die Ruinen ruiniert.« Damit ist gemeint, dass in seiner Gegenwart marode Mauern niedergerissen,

69  *Werke* (HA), Bd. 1, S. 264.

auch andere überflüssige Anlagen aus der Barockzeit abgetragen wurden, Fasanerie, Menagerie und Zwinger, und dass Goethe gemeinsam mit Carl August begann, den Park im englischen Gartenstil umzugestalten.

Alle Elemente des barocken Gartens wurden verbannt. Carl August und Goethe entwickelten den Park zu dem, was wir heute so an ihm schätzen: die Einbindung in die Natur, den fast unmerklichen Übergang zwischen den Parkanlagen, die von Gärtnern bis heute gepflegt werden, und dem umgebenden Wald, das Abwechseln von Baum- und Buschgruppen mit freien Wiesenflächen, überraschende Sichtachsen, die sich plötzlich ergeben, wenn man einen Pfad in seiner geschlungenen Wegeführung zu Ende geht, die Belebung der Natur durch kleine Pavillons, Teiche oder Fontänen. Die damaligen Gärtner hießen über Generationen Sckell, und Fürst Pückler, der große Kenner des Landschaftsparks, reiste an, um den Herzog und Goethe zu beraten. Im Lauf der Jahre wurde die Gartengestaltung immer professioneller. Ebenso wie den Park an der Ilm öffnete der Herzog auch den Park von Belvedere an bestimmten Tagen für die Bevölkerung.

1811 übergab Herzog Carl August Schloss und Park Belvedere an seinen Sohn Carl Friedrich und die Schwiegertochter Maria Pawlowna, die beide die Gartenanlage sehr liebten und weiter im Sinne eines romantischen Landschaftsparks gestalteten. Dies schloss auch die Anlage eines russischen Gartens mit ein, der die Zarentochter an den elterlichen Garten von Pawlowsk erinnern sollte, sowie die des

sogenannten Heckentheaters. Auch der Throninhaber ab 1853, Großherzog Carl Alexander, liebte Belvedere und bewahrte den wunderschönen Park.

Heute präsentiert man im Hauptschloss der Anlage von Belvedere die herzogliche Porzellan- und Glassammlung, eine Ausstellung zur Parkentwicklung von der symmetrischen Anlage des Barockgartens hin zum Landschaftspark des 19. Jahrhunderts sowie einige Exemplare der herzoglichen Jagdwaffen- und Jagdutensiliensammlung Herzog Ernst Augusts. Ein Parkspaziergang in Belvedere, vielleicht auch eine Parkführung, runden jeden Weimarbesuch ab.

# 41. DIE ORANGERIE VON SCHLOSS BELVEDERE

Ein barocker Orangenhof östlich des eigentlichen Schlosses von Belvedere mit Gärtnerhaus und mehreren Orangeriebauten inklusive des Roten Turms und eines Wirtschaftshofs sowie eines südlichen Blumengartens (anstelle des ehemaligen Botanischen Gartens von Belvedere) bilden dieses in der Goethezeit der fürstlichen Pflanzensammlung und -forschung gewidmete Ensemble.

Das Gärtnerhaus von 1735 ist das älteste Gebäude auf dem Areal. Herzogin Anna Amalia hatte sodann ein Glashaus, das heutige Lange Haus errichten lassen (1759/1760), in dem die Überwinterung von Orangenbäumen möglich war. Zahlreiche weitere Bauten entstanden in rascher Folge im 19. Jahrhundert, wurden aber zum Teil bald wieder baufällig und mussten ersetzt werden.

1820 wurde die heute noch funktionierende alte Kanalheizung der Orangerie eingerichtet. Dies war auch das Jahr, als die Botanik in Weimar durch die Veröffentlichung des *Hortus Belvedereanus* in dreisprachiger Ausgabe im Verlag von Friedrich Justin Bertuch ihren Höhepunkt feierte: Herzog Carl August setzte seinen Stolz in das Sammeln tropischer Pflanzen und botanischer Raritäten. Ursprünglich ein adliges Spiel, war seine Beschäftigung mit der Botanik, wie auch bei Goethe, immer ernsthafter geworden.

In seinem Hausgarten hatte Goethe in den 1790er Jah-

ren Beete nach den Ordnungen des Bernard de Jussieu angelegt, wo die Pflanzen nach Familien geordnet standen, hier die Hahnenfußgewächse, dort die Korbblütler usw. Carl August ließ sich von dem Botaniker August Wilhelm Dennstedt beraten, der auch die Herausgabe des *Hortus* betreut hatte, in welchem insgesamt 6.300 Arten und 1.300 Varietäten verzeichnet waren, die alle in Belvedere gezogen wurden. Diese Vielfalt war der besondere Stolz des Herzogs, denn in der Tat handelte es sich damals bei dem Belvederer Botanischen Garten um eine der reichhaltigsten Pflanzensammlungen in ganz Europa, die auch Alexander von Humboldt besuchte. Der Variantenreichtum des Botanischen Gartens, der im Bereich des heutigen Blumengartens hinter der Orangerie angesiedelt werden muss, war mit etwa 7.900 in- und ausländischen Arten 1820 am größten.

Am Bau des heute noch bestehenden Roten Turms als »neuer chinesischer Pavillon« unmittelbar neben dem südlichen Orangeriegebäude war erneut Goethe beteiligt. Sein Vorbild war der »Chinesische Turm« im englischen Gartenteil der Herzogin Anna Amalia am Wittumspalais. Der Turm war 1775 auf den Fundamenten eines Turms aus dem 16. Jahrhundert, der zur Stadtbefestigung gehört hatte, errichtet worden. Er nahm die chinesischen Landschafts- und Figurendarstellungen auf, mit Kasein gebundene, auf den Putz gemalte Wandbilder, die der Leipziger Maler Adam Friedrich Oeser gestaltet hatte.

Dieser Pavillon wurde zwar auch nach dem Tod Anna Amalias zunächst noch weiter genutzt, auch von Goethe, aber 1818 war sein Abbruch im Zuge der Neuanlage des Platzes vor dem Theater anberaumt worden, wobei die Freskomalereien Oesers auf Goethes Verlangen hin vorsichtig abgenommen wurden. Sie wurden später in den neu errichteten Roten Turm eingebracht: Auch diese Idee stammte maßgeblich von Goethe, wie aus seinem Briefwechsel mit Carl August hervorgeht.

Die Entwürfe zum Roten Turm stammten von Baurat Carl Friedrich Christian Steiner, der ihn 1820 in Anlehnung an den Gartenpavillon des Wittumspalais geplant und ausgeführt hat. Er sollte den Pflanzenstudien des Herzogs und Goethes dienen.

Die Ausführung und die Entwurfszeichnung variieren aber stark, hier spielten auch die zunächst angesetzten Kosten eine Rolle: Der Rote Turm wurde eher ein klassizistisches Gartengebäude mit chinoisen Reminiszenzen als ein chinesischer Turm.[70]

Hatte Goethe bereits den chinesischen Turm der Anna Amalia besonders geschätzt, gerade wegen der in ihm verwirklichten Darstellung von Außenräumen in Innenräumen und ihrer gleichzeitigen Konfrontation mit realen Außenräumen durch die Blicke nach außen durch die Fenster des Turms, so erschien ihm die Übernahme dieses Konzepts für die gestaltete Landschaft von Belvedere besonders einzu-

70 Vgl. Christiane Oehmig, *Der Rote Turm im Schlosspark Belvedere bei Weimar*, in: *Die Wandbilder Adam Friedrich Oesers im Roten Turm von Belvedere*, Hrsg. v. Stiftung Weimarer Klassik 1999, S. 7-14.

leuchten. Freilich spielt das Motiv des Gartenraums auch in Goethes Dichtung eine eminente Rolle, so ganz besonders in den *Wahlverwandtschaften*.

Den Roten Turm wollte der Herzog nutzen, um dort seine Gartenbibliothek einzurichten, auch dieser Plan war im Gespräch mit Goethe entwickelt worden. In die Gartenbibliothek integriert waren ein Samenkabinett und eine Sammlung gemalter blühender Pflanzen zum Studium der Botanik. Aus dieser Zeit erhalten sind – allerdings nicht öffentlich zugänglich – zwei große Samenschränke, in denen die verschiedenen Samen alphabetisch geordnet in kleinen Schubfächern aufgehoben werden konnten.

Zwei große Brautmyrten in Kübeln, die noch aus der Goethezeit stammen, stehen im Sommer draußen in der Orangerie von Belvedere. Im späten Sommer blühen sie weiß, wie es sich für die Kränze von Bräuten gehört. Im Baumbestand des Außenbereichs sind es vor allem Alteichen und verschiedene Bäume der oberen Lindenallee, die Goethe schon kannte.

# 42. SCHLOSS ETTERSBURG

Das Schloss war aus der Jagdleidenschaft des Herzogs Wilhelm Ernst entstanden, der hier um 1700 einen sogenannten Jagdstern hatte anlegen lassen: Die Grundmauern eines säkularisierten Augustiner-Chorherrenstifts wurden genutzt, um zwischen 1706 und 1712 das Jagdschloss als Dreiflügelanlage anzulegen, 1722 ergänzte man sie durch das Neue Schloss. Dieses Ensemble vier Kilometer nördlich von Weimar diente der Herzogin Anna Amalia in den ersten Jahren nach ihrer Befreiung von den Regierungspflichten ab 1775 / 1776 als bevorzugter Sommersitz, denn das entsprach damals sehr den Idealen ihres Hofes. Man wollte musizieren und dilettieren, also fern von aller höfischer Etikette ein »freies Leben« genießen, etwa im Freien frühstücken und sich den Künsten widmen. Dies meinte auch den freieren Umgang mit der umgebenden Landschaft. Anna Amalia führte hier wie im Garten an ihrem Wittumspalais zuerst den naturnahen englischen Parkstil ein, ließ einige sogenannte »Spaziergänge« im Wald anlegen und Gedenksteine und Skulpturen einfügen, wie es ihr der Kunstprofessor Adam Friedrich Oeser nahegelegt hatte.

Das Schloss wurde auch zum ersten Standort des sogenannten Liebhabertheaters, das sie gegründet hatte und an dem Goethe bereits unmittelbar nach seiner Ankunft großen Anteil nahm. Daneben waren Anna Amalias Söhne Carl August und Constantin beteiligt, der Märchendichter

Musäus, Corona Schröter, die Sängerin und Schauspielerin, die Goethe im Auftrag des Herzogs aus Leipzig nach Weimar geholt hatte. Und auch die Herzogin selbst spielte begeistert mit.

Das Liebhabertheater feierte in Ettersburg große Momente. Es gab Schattenspiele und draußen, nahe beim Schloss, war ein kleines Naturtheater errichtet worden. Leider gibt es erst ab Oktober 1778 Nachweise über die Aufführungen in Ettersburg. Am 20. Oktober 1778 werden *Das Jahrmarktsfest zu Plundersweilern* und *Le Médecin malgré lui* von Molière in der Übersetzung des Kammerherrn Anna Amalias, von Einsiedel, aufgeführt. In diesen Stücken tritt die gesamte damalige Hofgesellschaft auf: Herzog Carl August, Goethe, die beiden Kammerherren von Seckendorff und von Einsiedel, Professor Musäus, Corona Schröter und viele andere sowie ein Chor. Anna Amalias Hofdame von Göchhausen gab die Gouvernante, und Goethe deckte gleich drei Rollen ab. Selbst der Theatertischler Mieding wurde mit einer Rolle, dem Lichtputzer, bedacht. Inzwischen war die Ettersburger Bühne baulich aufgewertet worden und entsprach der im Winter im Hauptmann'schen Haus auf der heutigen Schillerstraße genutzten. Es gab jetzt auch eine logenartige Sitzmöglichkeit für die fürstliche Familie.

Goethes Schäferspiel mit Musik des Kammerherrn von Seckendorff *Die Laune des Verliebten* wurde nach der Wintersaison erneut in Ettersburg aufgeführt, und zwar am 20. Mai 1779. Der 19-Jährige hatte das Stück 1768 in Leipzig verfasst und in Weimar wieder ausgegraben. Schon dieses Stück spricht vom hohen Kunstverstand des ganz jungen Goethe und seiner Beherrschung des damals noch sehr aktuellen Schäferspiels. Höchstwahrscheinlich war Goethe auch in der von Herzogin Anna Amalia initiierten Aufführung des in Ettersburg am 6. September 1778 aufgeführten Singspiels der Kammerherrn von Einsiedel und Seckendorff *Orpheus und Eurydice*, das eine Parodie auf Wielands Singspiel *Alceste* sein sollte, als Mitspieler aktiv. Die Herzogin verkörperte darin erstmals eine tragende Rolle, die der Alceste.

1780 war die Zeit des Ettersburger Theaters bereits vorüber, was auch damit zusammenhängt, dass am Standort des jetzigen Theaters ein Redoutenhaus durch Anna Amalias Sohn Carl August errichtet wurde, das bis 1784 mit Bestuhlung als Theatersaal genutzt werden konnte.

Eckermann erinnert sich eines Ausflugs, der beide 1827 mit Goethes Kutsche zum Jagdschloss führte: »Goethe ließ sämtliche Zimmer aufschließen, die mit heiteren Tapeten und Bildern behängt waren. In dem westlichen Eckzimmer des ersten Stockes sagte er mir, daß Schiller dort einige Zeit gewohnt. ›Wir haben überhaupt‹, fuhr er fort, ›in frühester Zeit hier manchen guten Tag gehabt und manchen guten Tag vertan. Wir waren alle jung und voll Übermut, und es fehlte uns im Sommer nicht an allerlei improvisiertem Komödienspiel und im Winter nicht an allerlei Tanz und Schlittenfahrten mit Fackeln.‹«[71]

---

71 Johann Peter Eckermann, *Gespräche mit Goethe in den letzten Jahren seines Lebens*, Bd. 2, S. 602.

Bei diesem Besuch zeigt Goethe Eckermann auch noch die Buche, in deren Rinde er und seine Freunde 50 Jahre zuvor ihre Namen geritzt hatten. Die Buche stand jetzt umringt von unzähligen anderen Bäumen und Sträuchern und wirkte dadurch ganz anders als damals, als sie ein Solitär war. Dies ist Teil dessen, was Goethe mit dem Begriff »sich selbst historisch werden« meint.

Ettersburg kann heute durch Schlossführungen erkundet werden. Eine hochrangige Hotellerie und Gastronomie sowie ein qualitätvolles Kultur- und Musikprogramm (speziell an Pfingsten) in den Schlossräumen, die ansonsten auch Tagungsgästen Platz bieten, laden die Ankommenden ein. Die Umgebung fordert zu vielfältigen Spaziergängen auf, nicht zuletzt über die Zeitschneise zum ehemaligen Konzentrationslager Buchenwald.

# 43. DER ETTERSBERG

Goethe liebte den Ettersberg, den er sehr gut kannte, und mit seinem Begleiter, dem treuen Eckermann, am 26. September 1827 nachweislich auf einer gemeinsamen Kutschenfahrt besuchte. Zunächst ging es dabei zur »Hottelstedter Ecke«, der westlichsten Höhe des Ettersbergs, wo sich die beiden anlässlich der Beobachtung zahlreicher Vögel über Ornithologie unterhielten, dem Lieblingsgebiet Eckermanns, während Goethe sich mit Vögeln kaum auskannte. Eckermann fährt dann so fort:

»Wir waren indes immerfort mühsam bergan gefahren und waren nun nach und nach oben, am Rande der Fichten. Wir kamen an einer Stelle vorbei, wo Steine gebrochen waren und ein Haufen lag. Goethe ließ halten und bat mich, abzusteigen und ein wenig nachzusehen, ob ich nichts von Versteinerungen entdeckte. Ich fand einige Muscheln, auch einige zerbrochene Ammonshörner, die ich ihm zureichte, indem ich mich wieder einsetzte. Wir fuhren weiter.

›Immer die alte Geschichte!‹ sagte Goethe, ›Immer der alte Meeresboden! – Wenn man von dieser Höhe auf Weimar hinabblickt, und auf die mancherlei Dörfer umher, so kommt es einem vor wie ein Wunder, wenn man sich sagt, daß es eine Zeit gegeben, wo in dem weiten Tale dort unten die Walfische ihr Spiel getrieben. Und doch ist es so, wenigstens höchst wahrscheinlich. Die Möwe aber, die damals über dem Meere flog, das diesen Berg bedeckte, hat sicher nicht

daran gedacht, daß wir beide heute hier fahren würden. Und wer weiß, ob nach vielen Jahrtausenden die Möwe nicht abermals über diesen Berg fliegt.‹

Wir waren jetzt oben auf der Höhe und fuhren rasch weiter. Rechts an unserer Seite hatten wir Eichen und Buchen und anderes Laubholz. Weimar war rückwärts nicht mehr zu sehen. Wir waren auf der westlichen Höhe angelangt; [...] Die Aussicht von dieser Stelle, in der klaren Morgenbeleuchtung der reinsten Herbstsonne, war in der Tat herrlich. Nach Süden und Südwesten hin übersah man die ganze Reihe des Thüringerwaldgebirges; nach Westen, über Erfurt hinaus, das hochliegende Schloß Gotha und den Inselsberg; weiter nördlich sodann die Berge hinter Langensalza und Mühlhausen, bis sich die Aussicht, nach Norden zu, durch das Harzgebirge abschloß. [...] Wir setzten uns mit dem Rücken nach den Eichen zu, so daß wir während dem Frühstück die weite Aussicht über das halbe Thüringen immer vor uns hatten. Wir verzehrten indes ein paar gebratene Rebhühner mit frischem Weißbrot und tranken dazu eine Flasche sehr guten Wein, und zwar aus einer biegsamen feinen goldenen Schale, die Goethe in einem gelben Lederfutteral bei solchen Ausflügen gewöhnlich bei sich führt.

›Ich war sehr oft an dieser Stelle‹, sagte er, ›und dachte in späteren Jahren sehr oft, es würde das letzte Mal sein, daß ich von hier aus die Reiche der Welt und ihre Herrlichkeiten überblickte. Allein es hält immer noch einmal zusammen, und ich hoffe, daß es auch heute nicht das letzte Mal ist, daß wir beide uns hier einen guten Tag machen. [...]

Ich übersehe von hier aus‹, fuhr Goethe fort, ›eine Menge Punkte, an die sich die reichsten Erinnerungen eines langen Lebens knüpfen. Was habe ich nicht drüben in den Bergen von Ilmenau in meiner Jugend alles durchgemacht! Dann dort unten im lieben Erfurt wie manches gute Abenteuer erlebt! Auch in Gotha war ich in frühester Zeit oft und gerne; doch seit langen Jahren so gut wie gar nicht.‹«[72]

72 Ebd., Bd. 2, S. 600 f.

# 44. DAS SCHIESSHAUS

In den Tag- und Jahresheften auf das Jahr 1803 schreibt Goethe über die Errichtung des Schießhauses, an der er selbst maßgeblich beteiligt war:

»Das ältere Schießhaus vor dem Frauentor war schon längst von den Parkanlagen überflügelt, der Raum den es einnahm bereits zwischen Gärten eingeschlossen und Spaziergängen, die Übungen nach der Scheibe, besonders aber das eigentliche Vogelschießen, nach und nach unbequem und gefährlich. Zum Tausch nahm der Stadtrat mit mehrfachem Gewinn einen großen schön gelegenen Bezirk vor dem Kegeltor, die weit verbreiteten Äcker sollten in Gärten, Gartenländer verwendet und an dem schicklichsten Platz ein neues Schießhaus gebaut werden.«[73]

Erst vor wenigen Jahren wurden Dokumente erschlossen, die das Ausmaß von Goethes Beschäftigung mit diesem Gebäude und Gelände begreiflich machen, das als der bürgerliche Geselligkeits- und Freizeitort Weimars zu Beginn des 19. Jahrhunderts verstanden werden muss. Der ursprüngliche Ort der Aktivitäten der Büchsenschützengesellschaft, das einst prachtvolle erste Schießhaus, war schon 1784 durch den Umbau der Schießmauer zur künstlichen Ruine geworden und wegen der Erweiterung der Ilmparkanlagen und finan-

---

73 Johann Wolfgang Goethe, *Tag und Jahres-Hefte, zum Jahr 1803*, in: *Sämtliche Werke*, MA, Bd. 14, S. 109.

zieller Probleme der Gesellschaft nicht mehr genutzt worden. 1756 musste es teilweise abgerissen werden. Herzog Carl August hatte 1802 dann zum Ausgleich das neue Grundstück im »Hölzchen«, jenseits und oberhalb der Ilm, mit Blick auf das Schloss, in Aussicht gestellt, sollte der Stadtrat das Schießhaus mit Restauration auf seine Kosten errichten lassen. Umgekehrt wollte der Herzog das inzwischen sanierungsbedürftige Stadthaus auf seine Kosten umbauen lassen. Auf dem sehr großen Grundstück im Hölzchen gab es zahlreiche Gartengrundstücke, die der Stadtrat verpachten konnte, um dadurch seine Einnahmensituation zu verbessern: Insgesamt war das neue Gelände also ein deutlicher Zugewinn für die Bürger. Außerdem wurde Heinrich Gentz aus Berlin, der schon den Schlosswiederaufbau zum Abschluss führen sollte, mit der Planung beauftragt, war aber zunächst wohl durch die Schlossaufgabe nicht in der Lage, dem nachzukommen. Ende April 1803 erhielt der Bürgermeister Weimars, Schultze, vom Herzog den Auftrag, sich an Goethe zu wenden, der vom Herzog beauftragt war, die Planung zu koordinieren. Und Goethe muss es dann doch gelungen sein, Heinrich Gentz in das Schießhaus-Projekt zu involvieren, denn am 4. August 1803 kündigte Gentz einen Entwurf an, den er wirklich noch am Tag seiner Abreise nach Berlin am 7. August 1803 vorlegte.[74] Der Entwurf wurde dann vom Stadtar-

74 Vgl. den Zusammenhang bei Jürgen Beyer, *Das historische Schießhaus in Weimar. Ein bedeutendes Zeugnis zur Stadtkultur um 1800*, in: *Weimar-Jena. Die große Stadt*, Jg. 4 (2011), S. 173-197.

chitekten Schlüter in Ausführungszeichnungen überführt, leider sind weder der Gentz'sche Entwurf noch die Zeichnungen Schlüters erhalten. Den Standort des Gebäudes entschieden Goethe, der Bürgermeister, Gentz und Schlüter im September 1803 vor Ort. Goethe schreibt: »Hier war also ein angenehmes Hölzchen der notwendige Punkt einen Flügel daran zu lehnen, für die Hauptrichtung entschied sodann eine oberhalb jenes Buschwerks hergehende uralte vierfache Lindenallee; man mußte den Flügel und also das ganze Gebäude rechtwinkelig darauf richten.«[75]

Besonders angelegentlich kümmerte sich Goethe um die Planung der Außenanlagen rund um das Schießhaus, was auch die Verfertigung eines Lageplans mit den vorgesehenen Freianlagen mit einschloss, eine Karte, die er gemeinsam mit Valentin Blaufuß anfertigte und die sich heute noch in Goethes Kartensammlung befindet.[76] Zusätzlich hat er das Abstecken der einzelnen Grundstückspartien vor Ort veranlasst und betreut, was im August und September 1803 erfolgte. Über hundert Bauarbeiter waren damals dort tätig, und Goethe fand die Errichtung des Gebäudes faszinierend, in einer Zeit, als wegen der Kriegsereignisse sehr wenig gebaut wurde. In den Tag- und Jahresheften schreibt Goethe auch über die ihm sehr wichtige ästhetische Anmutung des geplanten Gebäudes:

75  Wie Anm. 74.
76  Museen der Klassik Stiftung Weimar, Goethes Kartensammlung 143, BV Kartensammlung 12 965, Nr. 296.

»[5] Ein mäßiger Plan, den Bedürfnissen allenfalls hinreichend, erweiterte sich nach und nach; die Schützengesellschaft, das Publicum, als die Tanzenden, die Genießenden, alle wollten bedacht seyn, alle verlangten ein schickliches und bequemes Local. [...]

[6] Doch ein Gebäude gehört unter die Dinge, welche nach erfüllten inneren Zwecken auch zu Befriedigung der Augen aufgestellt werden, so dass man, wenn es fertig ist, niemals fragt, wie viel Erfindungskraft, Anstrengung, Zeit und Geld dazu erforderlich gewesen: die Totalwirkung bleibt immer das Dämonische, dem wir huldigen.«[77]

Am 14. Juli 1805 konnte das Gebäude feierlich eingeweiht werden, wenngleich der Festsaal noch nicht fertig ausgemalt war. Insgesamt hatten die Baukosten von 40.000 Talern die geschätzten Kosten von 10.000 bis 12.000 Talern weit überstiegen, was für die Stadt eine empfindliche Belastung darstellte.

Von Beginn an war das Schießhaus ein beliebter Treffpunkt aller Stände Weimars. Man feierte hier, man erholte sich im Freien, man konnte essen und trinken, kegeln, Billard spielen, es gab einen Musikpavillon und die Schießanlage, es war also keineswegs nur ein Büchsenschützenhaus. Aufgrund seiner Größe und seiner repräsentativen Gestaltung war es etwas ganz Besonderes, fast ein Schloss der Bürger, bestehend aus einem Hauptgebäude mit dem Festsaal und zwei seitlichen Flügeln mit Arkaden und Kopf-

77 Wie Anm. 74, S. 120 f.

bauten, ganz wie Palladio in Italien seine Villen konzipiert hatte.

In Privatinitiative wird das viele Jahre lang ungenutzte, teils verfallene Schießhaus seit Jahren Stück für Stück geschmackvoll restauriert und kann auch heute bereits für private Feste oder öffentliche Veranstaltungen gemietet werden – ein stimmungsvoller Ort in ruhiger Atmosphäre oberhalb Weimars.

# 45. SCHLOSS TIEFURT

Schloss Tiefurt, drei Kilometer nordöstlich von Weimar am linken Ilmufer gelegen, ist eigentlich gar kein Schloss, sondern ein bescheidenes Gutspächterhaus aus dem 18. Jahrhundert, das 1722 im Stil des Barocks überarbeitet worden war. Es hatte ab 1776 als Hofhaltung für den jüngeren Sohn Herzogin Anna Amalias, den Prinzen Constantin, gedient. Hier lebte er mit seinem Hofmeister Carl Ludwig von Knebel für drei Jahre den Künsten, malend, schreibend und musizierend. Erste Umgestaltungen, etwa auch die Einrichtung eines Goethezimmers, eines Gangs und des Altans, gehen auf Knebel zurück. Goethe war von Beginn seines Weimarer Aufenthalts an im Sommer immer wieder oft und ausgedehnt in Tiefurt, denn er und Knebel waren einander in Freundschaft sehr verbunden, und die Herzogin Anna Amalia bezog Goethe sehr gern in ihre Aktivitäten ein.

1781, nachdem sie ihren Sohn Constantin auf Reisen nach Zürich, Paris und London geschickt hatte und ihm danach eine Zukunft in militärischen Diensten bevorstand, wollte Anna Amalia Tiefurt zu ihrem Sommerschloss mit einem Landschaftspark im Stil der Empfindsamkeit umgestalten, denn Ettersburg war ihr in der Unterhaltung zu teuer geworden, und Belvedere sah sie mehr bei ihrem Sohn Carl August angesiedelt.

Anna Amalia hat zunächst mehr dem Park, weniger dem Tiefurter Gebäude ihre Aufmerksamkeit geschenkt. Erst

nach ihrer Italienreise 1794 ließ sie ihre Hauptwohnräume dort in klassizistischer Weise neu gestalten.

Sowohl das umgebende Dorf wie der Park und das Gutspächterhaus sind nahezu unverändert erhalten geblieben und bilden ein einzigartiges Ensemble von Natur und Kultur des 18. Jahrhunderts. Man hat die Raumfassungen aus der Zeit des Prinzen Constantin und der frühen Anna-Amalia-Zeit zum Teil rekonstruiert, etwa im Speisezimmer einen Grünton aus der Zeit um 1780 angebracht, im Kaminzimmer eine Fassung aus Grau und Altrosa, während im Musikzimmer ein kühles Grün rekonstruiert wurde. Im Göchhausenzimmer, in dem laut Überlieferung die Hofdame heimlich Goethes *Urfaust* abgeschrieben haben soll, gibt es eine nachgedruckte Papiertapete, die einer Tapete aus Goethes Tapetenpapiersammlung entspricht. Interessant sind die in Tiefurt verwendeten Leinwandfußböden, sie sind glänzend und waren in Weimar um 1820 sehr beliebt, denn sie konnten sowohl Parkett als auch Intarsienfußböden oder antike Mosaikfußböden imitieren, waren aber weitaus preiswerter. Auch diese Art, einen Fußboden schön und dennoch preiswert zu gestalten, verdankte die Herzogin Goethes Ideenreichtum.

In der Tat ist das Goethezimmer mit seinem Kabinett vielleicht der schönste Raum dieses kleinen unspektakulären Schlösschens. Ursprünglich Wohn- und Schlafraum des Prinzenerziehers Knebel wurde es während Anna Amalias Residenz zum Gästezimmer. Die reiche Ausmalung mit Weinlaubgirlanden und vielen anderen floralen Motiven,

dazu eine altrosa Decke mit einer Papierrosette, rekonstruiert nach einer Stuckrosette, sowie der kopierte Leinwand-
fußboden sind die Hauptgestaltungselemente. Auch die Ausmalung geht auf Goethes Anregungen zurück. Der Raum
gilt als ein sogenanntes frühes »Landschaftszimmer«. Wie oft
Goethe hier übernachtet hat, lässt sich leider nicht nachweisen, aber seine Beschäftigung mit Tiefurt und seinem Park
war lang andauernd und vielfältig.

# 46. DER PARK VON TIEFURT

Weit mehr noch als mit dem Schloss war Goethe mit dem Park von Tiefurt verbunden. Hier konnte der Dichter verschiedene Projekte verwirklichen, alle im Auftrag des Hofes. Zu Beginn der Sommerresidenzen Anna Amalias wurde er aber selbst in Tiefurt anlässlich seines Geburtstags gefeiert: Anna Amalia wollte den Tag mit einem Schattenspiel namens *Minervens Geburt, Leben und Taten* aus von Seckendorffs Feder begehen. Darin wird Goethe aufgefordert, sich weiter mit seinen unvollendeten Dramen *Tasso, Egmont* und *Faust* zu befassen, er soll auch *Wilhelm Meisters theatralische Sendung* beenden, raten ihm die Freunde durch das Stück. Corona Schröter alias Minerva ehrt Goethe im letzten Akt mit der goldenen Leier Apollons und den Blumenkränzen der Musen.

Goethe antwortet auf diese Geburtstagsgabe ein Jahr später: In der Nacht des 22. Juli 1782 wird im Park von Tiefurt das Wald- und Wasserdrama *Die Fischerin* aufgeführt. Dies ist der Höhepunkt seiner Inszenierungen gemeinsam mit dem Liebhabertheater. Corona Schröter, die einzige Professionelle unter den vielen Liebhaberdarstellern in Weimar, spielt das Fischermädchen Dortchen, das ihren Bräutigam und ihren Vater neckt. Der Park ist illuminiert, und Corona Schröter singt eingangs Goethes Ballade vom *Erlkönig* in ihrer eigenen Vertonung, die lange vor der Schubert'schen entstand. Eine zauberhafte Atmosphäre umfängt die Zuschauenden, die Natur, die Musik, die Illumination des Parks, alles wirkt zusammen. Später schreibt Goethe über diese gelungene Aufführung, die einen Höhepunkt der Gattung Singspiel überhaupt darstellte:

»Die Zuschauer saßen, ohne es zu vermuten, dergestalt, dass sie den ganzen schlängelnden Fluß hinunterwärts vor sich hatten. In dem gegenwärtigen Augenblick sah man erst Fackeln sich in der Nähe bewegen. Auf mehreres Rufen erschienen sie auch in der Ferne; dann loderten auf den ausspringenden Erdzungen flackernde Feuer auf, welche mit ihrem Schein und Widerschein den nächsten Gegenständen die größte Deutlichkeit gaben, indessen die entferntere Gegend ringsum in der Nacht lag. Selten hat man eine schönere Wirkung gesehen.«[78]

Goethe hat in der Folge Aussichtspunkte im Park ersonnen, Steinmauern mit integrierten Sitzflächen, den Musentempel, alles sollte auf gewundenen Wegen erreicht werden. All das geschah Herzogin Anna Amalia zuliebe, die sehnsuchtsvoll in jedem Frühjahr darauf brannte, nach Tiefurt gehen zu können, um dort nach ihrer Weise zu leben. So berichtet Henriette von Egloffstein den Alltag Anna Amalias:

»Schon am frühen Morgen sah man dort [in Tiefurt] die Herzogin im schlichten Gewande, das aufgerollte schöne Haar unter dem einfachen Strohhut verborgen, ihre lieben englischen Hühner und Tauben füttern. War dies Geschäft

---

78 Johann Wolfgang Goethe, *Sämtliche Werke*, FA, 1. Abtlg. Bd. 5, S. 1120 f.

vollbracht, dann wandelte sie allein, mit einem Buch in der Hand, zu ihrer Lieblingsbank im Park. Hier verweilte sie, teils lesend, teils ernsten Betrachtungen hingegeben, bis das Schlagen der Mittagsstunde von dem Turm der kleinen Dorfkirche sie an die Rückkehr mahnte …«[79]

79 Henriette von Egloffstein, zit. nach Friederike Bornhak, *Anna Amalia, Herzogin von Sachsen-Weimar-Eisenach, die Begründerin der klassischen Zeit Weimars,* Berlin 1892, S. 189-94.

# 47. DIE DENKMÄLER IM PARK VON TIEFURT

Dass das zwischen 1779 und 1785 erschienene fünfbändige Werk *Theorie der Gartenkunst* von Christian Cay Lorenz von Hirschfeld in Weimar stark wahrgenommen wurde, steht fest: Sowohl Herzogin Anna Amalia als auch ihre Söhne, Goethe und sein Freund Knebel waren Adepten dieses theoretischen Begründers des englischen Landschaftsgartens. Aber es ist erst seit wenigen Jahren bekannt,[80] wie stark Hirschfelds Theorie tatsächlich auf die Gestaltung des Tiefurter Parks Einfluss nahm. So entspricht es den Hirschfeld'schen Thesen, dass in einem solchen englischen Park zahlreiche »Monumente des Verdiensts« Raum haben müssten. Diese Anregung wurde von Knebel und Goethe aufgegriffen, und die Herzogin fügte ebenfalls einige Details hinzu. Einig waren sich die Weimarer, dass im Tiefurter Park Denkmäler ausschließlich für solche Personen errichtet werden sollten, die sich Verdienste für die Gemeinschaft erworben hatten, wovon es in Weimar etliche gab.

Insgesamt kann man sagen, dass die Tiefurter Denkmäler Persönlichkeiten galten, die dem Hofe eng verbunden waren. Nur in zwei Fällen weicht dies ab, zum einen bei

---

80 Vgl. der Beitrag von Gerhard Kaiser, *Beredte Steine, antiker Form sich nähernd – die Inschriften im Tiefurter Park,* in: Alexander Löck und Dirk Oschmann (Hrsgg.), *Literatur und Lebenswelt,* Wien, Köln, Weimar 2012, S. 99-123.

Vergil, der als wichtiger Dichter der *Bucolica* und *Georgica* gesehen wurde, in denen das Hirtenleben und der Landbau gefeiert werden. Ihm sollte mit der ihm gewidmeten Vergilgrotte gehuldigt werden. Der zweite Fall ist der Mozarts, der nie in Weimar war und dem Anna Amalia aus Verehrung für seine Musik, die von Anfang an auch in Weimar aufgeführt wurde, 1799 im Tiefurter Park ein Denkmal widmete, das erste abstrakte in Weimar.

Goethe beschäftigte sich mit den Inschriften der Denkmäler, zunächst mit dem für Herder, dem Vertrauten und Geistlichen der Herzogin, der Ende 1803 verstorben war und den er selbst nach Weimar geholt hatte. Dass ein Schmetterling das Denkmal schmückt, kann sowohl auf die Vorstellung von der Unsterblichkeit der Seele hinweisen wie auf das Lied vom Schmetterling, das Herder verfasst hatte.

Das Amor-Denkmal wird allgemein als der Sängerin und Schauspielerin Corona Schröter gewidmet angesehen. Auch hier soll Goethe der Dichter des Distichons sein: »Dich hat Amor gewiss, o Sängerin, fütternd erzogen. Kindisch reichte der Gott dir mit dem Pfeil die Kost. So, durchdrungen vom Gift, die harmlos atmende Kehle, Trifft mit der Liebe Gewalt nun Philomene das Herz.«

Bei dem Denkmal für Anna Amalias Bruder Leopold indes, einem frommen Philanthropen, der versuchte, durch Hochwasser Gefährdete aus der Oder zu retten und dabei 1785 im Alter von 33 Jahren ertrank, kennen wir zwar den Entwicklungsprozess der Inschrift, wissen auch, dass Goethe ebenso wie Herder jeweils ein Distichon unterbreiteten, die

Herzogin aber am Schluss eine andere, sehr kurze Inschrift, diesmal ganz im Sinne Hirschfelds wählte:

DEM
VEREWIGTEN
LEOPOLD
ANNA AMALIA

Dann verstarb im September 1793 Anna Amalias jüngerer Sohn Constantin an der Ruhr, im Feldlager in Saarbrücken. Diesmal wollte Anna Amalia den von amtlichen Aufgaben überlasteten Goethe nicht mit einer Inschrift belangen, und Knebel lieferte ihr zwei längere Distichen. Aber Goethe fühlte sich dennoch aufgefordert, einen eigenen Vorschlag zu unterbreiten, der dann für diesen Stein genutzt wurde. Die Schmalseiten des Kenotaphs enthalten diese Inschriften:

IM ZWEITEN
JAHRE DES UNSELIGEN KRIEGES
DER AUCH IHN HINWEGNAHM

DEN GEBILDETEN JÜNGLING
DEN WERDENDEN MANN
ENTRISS DIE PARZE

Die Vorderseite des Gedenksteins indes trägt diese Inschrift:

IHREM
ZWEYTEN UND LETZTEN
ZU FRÜH ABGESCHIDENEN
SOHN
CONSTANTIN
TRAUERND
AMALIE –

Zuletzt sollen die Verse erwähnt werden, die unter der Wielandbüste, wahrscheinlich noch in Anna Amalias letzten Lebensjahren, angebracht wurden:

*Wenn zu den Reihen der Nymphen,*
*Versammelt in heiliger Mondnacht,*
*Sich die Grazien heimlich*
*Herab vom Olympus gesellen,*
*Hier belauscht sie der Dichter*
*Und hört die schönen Gesänge,*
*Sieht verschwiegener Tänze*
*Geheimnisvolle Bewegung,*
*Was der Himmel nur Herrliches hat,*
*Was glücklich die Erde*
*Reizendes immer gebar,*
*Das erscheint dem wachenden Träumer.*
*Alles erzählt er den Musen,*
*Und dass die Götter nicht zürnen,*
*Lehren die Musen ihn gleich*
*Bescheiden Geheimnisse sprechen.*

Dass Goethe auch noch weitere Inschriften initiiert oder befürwortet hat, etwa die von Matthison im Eingangsbereich, steht zu vermuten, kann aber nicht bewiesen werden. Jedenfalls wurden für diesen Park, anders als in anderen aus der Zeit, etwa Seifersdorf bei Dresden, jeweils sehr individuelle Lösungen für ganz individuelle Erinnerungsmale gefunden, und das zeichnet dieses Weltkulturerbe aus.

# 48. DAS TIEFURTER JOURNAL

1781 setzte in Tiefurt ein literarisches Unternehmen ein, das über drei Jahre mit großem Enthusiasmus betrieben wurde: Gemeint ist die Redaktion des handschriftlich in jeweils elf Exemplaren verbreiteten *Tiefurter Journals* – 47 »Stücke« oder Ausgaben hat es von dieser aus dem Kreise um Anna Amalia herausgegebenen Zeitschrift gegeben.

Obwohl sich die seriöse germanistische und historische Forschung mittlerweile von der »Musenhof-Legende« rund um Herzogin Anna Amalia und später Carl August – sie hatten die vier Dichter Wieland, Goethe, Herder und Schiller und weitere künstlerische Begabte sowie auch Wissenschaftler, die in Weimar und Jena viele gemeinsame Projekte realisierten, in kreativen Zirkeln vereint – verabschiedet hat, konstatiert diese Forschung alternativ zumindest ein »Ereignis Weimar-Jena um 1800« und führt das kleine *Tiefurter Journal* als eines der Gründungsdokumente dieses Ereignisses.

Aber was war ursprünglich die Absicht des Journals? Was hat Goethe damit zu tun? Und inwiefern stellt die Zeitschrift einen Lieblingsort Goethes dar?

Das *Tiefurter Journal* soll an einem Sommerabend, dem 11. August 1781 »geboren« worden sein. Im Tiefurter Sommerschloss Anna Amalias hatten sich um sie versammelt: Wieland, der Prinzenerzieher im Ruhestand, Goethe, Hofbeamter und Minister, Herder, der Superintendent, sowie der Hofstaat der verwitweten Herzogin, bestehend aus

Louise von Göchhausen und den Kammerherrn von Einsiedel und von Seckendorff. Dies war der innere Kreis derjenigen, die sich mit der Kulturentwicklung in Weimar beschäftigten. An jenem Abend entstand der Plan, in enger Beziehung zum eigenen Leben am Hof einerseits, andererseits in der Reflexion von Geschehnissen der Kultur- und Geistesgeschichte außerhalb des höfischen Daseins Beiträge zu verfassen und in einer regelmäßig erscheinenden Zeitschrift zu sammeln. Dies waren launige Beiträge etwa über die Legefreudigkeit eines Perlhuhns in Tiefurt, Scherzfragen, die sich auf Personen im Umkreis des Hofs bezogen, aber auch ernstzunehmende Gedichte und Übersetzungen. Herder brachte Lieder und Gedichte fremder Völker ein, das Weimarer Liebhabertheater fand sich mit seinen neu erdachten Stücken im Journal, orientalische Weisheitslehren kamen ebenso vor, und Goethe setzte unter anderem die Gedichte *Auf Miedings Tod* (dieses nimmt das gesamte 23. Stück des Journals ein) und seine Ode *Das Göttliche*, die mit dem berühmten Vers »Edel sei der Mensch, hilfreich und gut« einsetzt, als Erstveröffentlichungen ins Journal.

Wieder hatte die Herzogin also einen Plan entwickelt, der anspruchsvoll war, sich aber mit den eigenen Kräften und denen ihrer Hofleute verwirklichen ließ. Hierin lag eine ihrer großen Stärken: Sie konnte die ihr nahestehenden Menschen für Projekte begeistern, die »lediglich« eine Verfeinerung des Geistes oder wie im Falle des Journals eine Selbstvergewisserung des Hofs zum Ziel hatten bzw. dessen Aktivitäten für die Nachwelt dokumentierten. In einigen Fällen nehmen

# Avertissement.

Es ist eine Gesellschaft von Gelehrten, Künstlern, Poeten und Staatsleuten, beyderley Geschlechtes, zusammengetreten, und hat sich vorgenommen alles was Politick, Witz, Talente und Verstand, in unsern dermalen so merkwürdigen Zeiten, hervorbringen, in einer periodischen Schrift den Augen eines sich selbst gewählten Publikums, vorzulegen.

Sie hat beliebt gedachter Schrift den allgemeinen Tittel: **Journal** oder **Tagebuch** von zu geben, und selbige in ihrer Einrichtung dem bekannten und beliebten Journal de Paris vollkommen ähnlich zu machen; nur mit dem Unterschied, daß davon nicht von Tag zu Tag, sondern nur wöchentlich ein Bogen ausgegeben, auch darauf nach Willkühr, entweder mit baarem Geld — das auf das mindeste ein Goldstück seyn muß — oder mit beschriebenen Papier als Beyträgen, abonnirt werden kann. Zu Ende der izt laufenden Woche wird der erste Bogen ausgegeben. den 15 August 1781.

Beiträge aber auch in der Fiktion bestimmte Kulturentwicklungen vorweg, so der Beitrag der Hofdame Göchhausen über den Park, der erst später von Anna Amalia in dem beschriebenen Sinne verändert wurde.

Während Goethe nun zwar als einer der Beiträger mit insgesamt sechs Gedichten am Journal beteiligt war (zu den genannten Weimarern treten im Lauf der Zeit auch auswärtige Freunde des Hofs, der Darmstädter Merck etwa und Prinz August von Sachsen-Gotha), äußerte er sich jedoch während seiner Teilnahme fast ein wenig von oben herab über das Unterfangen, so im Brief an seine Mutter, wo er es als »diese Kleinigkeit« titulierte,[81] um ein Jahr später ebenfalls im Brief an die Mutter zu konzedieren, es seien jedoch »recht artige Sachen darinne«.[82]

Zu einem Lieblingsort Goethes im Sinne eines Erinnerungsorts (lieu de mémoire[83]) wird das *Tiefurter Journal* für Goethe erst im Rückblick, in der Distanz. Diese Rückschau wird anlässlich des Todes der Herzogin Anna Amalia im April 1807 möglich, als Goethe ihren Nachruf schreibt. In diesem Nachruf würdigt er die Mutter seines Freundes so:

»Ihre Regentschaft brachte dem Lande mannigfaltiges Glück, ja das Unglück selbst gab Anlaß zu Verbesserungen …

81  Brief vom 5. August 1782, in: *Werke*, WA, IV, 6, S. 30.

82  Brief vom 7. Dezember 1783, in: ebd., S. 223.

83  Pierre Nora, *Les lieux de mémoire 1-3*, Paris 1997 (Dt. Ausgabe: *Erinnerungsorte Frankreichs*, München 2005); sowie: Etienne François und Hagen Schulze, *Deutsche Erinnerungsorte 1-3*, München (Sonderausgabe) 2003.

Ein ganz anderer Geist war über Hof und Stadt gekommen. Bedeutende Fremde von Stande, Gelehrte, Künstler, wirkten besuchend oder bleibend. Der Gebrauch einer großen Bibliothek wurde freigegeben, ein gutes Theater unterhalten und die neue Generation zur Ausbildung des Geistes veranlasst. […] Das ruhige Bewusstsein ihre Pflicht gethan, das, was ihr oblag, geleistet zu haben, begleitete sie zu einem stillen mit Neigung gewählten Privatleben, wo sie sich von Kunst und Wissenschaft, sowie von der schönen Natur ihres ländlichen Aufenthaltes umgeben, glücklich fühlte. Sie gefiel sich im Umgang geistreicher Personen, und freute sich Verhältnisse dieser Art anzuknüpfen, zu erhalten und nützlich zu machen; ja es ist kein bedeutender Name von Weimar ausgegangen, der nicht in ihrem Kreise früher oder später gewirkt hätte …«[84]

Dass in jedem Falle das *Tiefurter Journal* auch zu den Unternehmungen der Herzogin zu rechnen war, die zu den »nützlichen Verhältnissen« gehörten, hat Goethe schon 1795 ganz explizit innerhalb eines Schemas geäußert, in dem die einzelnen Tätigkeitsbereiche im Fürstentum stichwortartig aufgelistet werden. Gesondert und mit folgendem einleitenden Satz versehen ordnet er hier auch das *Tiefurter Journal* ein: »Manche Unternehmungen und Anstalten dauren nur eine Zeit aber auch sie verdienen bemerkt zu werden denn

---

84 J. W. Goethe, *Sämtliche Werke. Briefe, Tagebücher und Gespräche.* Hg. v. Friedmar Apel u. a. (Frankfurter Ausgabe), Bd. 17: *Tag und Jahreshefte. Biographische Einzelheiten. Reden. Testamente.* Hg. Irmtraut Schmid, Frankfurt/M. 1994, S. 421-426.

nichts was wirkt ist ohne Einfluß und manches folgende lässt sich ohne das vorhergehende nicht begreifen.

Tiefurter Journal
Blumen Fabrik
Spinnschule
Spinnhaus
Handwerker überhaupt. [...]«[85]

Es sei nun abschließend auf zwei Lieblingsorte Goethes verwiesen, die außerhalb Weimars liegen, aber sehr oft von ihm besucht wurden und jeweils mit einer für sein Leben wichtigen Persönlichkeit verbunden sind. Schloss Kochberg am Rande des Dorfs Großkochberg jedenfalls verweist auf Charlotte von Stein und ihre Beziehung zu Goethe bis ins Jahr 1788.

85  Johann Wolfgang Goethe, *Wiederbelebung der Freitagsgesellschaft* (November 1795); in: *Werke*, MA, 4.2, S. 871.

# 49. SCHLOSS KOCHBERG

Ungefähr 35 Kilometer südlich von Weimar liegt das Dorf Großkochberg, man durchquert auf der Fahrt dorthin Bad Berka – auch dies ein Ort, wo Goethe mit Christiane einen Kuraufenthalt absolvierte –, Tannroda, Rittersdorf und Teichel.

Das einstige Wasserschloss Kochberg, das heute nach wie vor von einem Wassergraben umgeben ist, geht bis auf das 12. Jahrhundert zurück, der Name wird 1125 erstmals urkundlich belegt, doch ist von der ursprünglichen Burganlage kaum noch etwas übriggeblieben. Die Gebäude, wie sie die heutigen Besucher sehen, stammen aus dem 16. und 17. Jahrhundert. Die Familie von Stein übernahm den Besitz, der auch große Ländereien rundherum umfasste, 1733 von den Vorbesitzern, den drei Brüdern von Schönfeld. Jetzt erfolgten einige Umbauten, die allesamt durch den Landesbaumeister Gottfried Heinrich Krohne, dem Meister des Barocks in Thüringen, durchgeführt wurden.

Schloss Kochberg wurde der zweite Wohnort des Paars neben Weimar. Und aufgrund der zahlreichen Abwesenheiten ihres Manns in seiner Funktion als Oberstallmeister und Reisemarschall ist es Charlotte, die sich um das Gut und um die der feudalen Gerichtsbarkeit unterstellten Dorfbewohner zu kümmern hat. Diese müssen wie im Mittelalter noch Hand- und Spanndienste leisten, Botengänge erledigen, das Schloss putzen, die Ställe ausmisten und in der Landwirt-

schaft mithelfen. Charlotte von Stein hat alle Hände voll zu
tun auf Kochberg und verbringt meist Sommer und Herbst
hier.

Goethes erster Besuch auf Kochberg ist für den 6. Dezember 1775 belegt. Er erfolgt genau drei Wochen nach seiner
ersten Begegnung mit Charlotte von Stein in Weimar. Diesem ersten Besuch folgen viele, und wenn sich die beiden
nicht sehen, so schreiben sie sich Briefe, Billetts und Zettelchen.

In Kochberg zeichnete Goethe viel, gemeinsam mit Charlotte oder für sie. Im kleinen Museum des Schlosses, das
1975, zweihundert Jahre nach Goethes erstem Besuch, eingeweiht wurde, ist in den elf zugänglichen Räumen auch eine
seiner Zeichnungen ausgestellt. Sie ist 1777 entstanden und
zeigt eine Ansicht der Nordostecke des Schlosses, wie sie sich
im Wallgraben spiegelt. Er schrieb und las mit seiner »Lida«
Herder, Spinoza und Shakespeare, man ging spazieren, sprach
über die Wirtschaft des Gutes, und Kochberg wurde zu einer Stätte der Muße, Besinnung und Freiheit für Goethe.

Ein Goethezimmer gibt es in diesem Schloss natürlich
auch. Hier soll er immer, wenn er in Kochberg war, gewohnt
haben. Das Mobiliar ist fast ausnahmslos aus dem Original-
bestand des Hauses und war vielfach schon zu Charlottes
Lebzeiten vorhanden. Die Wandsockel und Stuckdecken entsprechen im jetzigen restaurierten Zustand dem von 1733,
nach der barocken Umgestaltung.

Im Goethezimmer findet sich auch der einfache barocke
kastenförmige Schreibschrank aus Eiche und Esche, den

Goethe damals benutzte und auf den er schon beim ersten Besuch das Datum in die Platte einritzte, »6. Dec. 1775«. Zweimal hat er das wiederholt, jeweils mit der Bemerkung »Ebenderselbe« ergänzt. Die Daten waren der »4. Oct. 80« und der »5. Nov. 80«. In diesem Möbelstück waren für einige Jahrzehnte die erwähnten rund 1.700 Briefe Goethes an Charlotte aufbewahrt, bis 1886 Goetheverehrer diese Briefe der Familie für 70.000 Mark abkauften und dem Goethe- und Schiller-Archiv übergaben. Im Blauen Salon sind auch Möbel aus der Zeit, als Charlottes Sohn Carl von Stein und seine Familie hier residierten, erhalten. Auf Charlotte und ihre Beziehung zu Goethe verweist ein weiterer Schreibtisch, der sich im Roten Salon, dem Gesellschaftszimmer der Steins, findet: Dieses zierliche Möbelstück hatte Goethe einst selbst entworfen und durch den Weimarer Hoftischler Johann Franz Andreas Preller bauen lassen. Er war ein Zeichen seiner Zuneigung für sie und ihre durch das Schreiben verbundenen Seelen.

Im Kaminzimmer, das Charlotte von Stein gewidmet ist, finden sich neben ihren Zeichnungen auch ihr 1794 / 1795 geschriebenes Drama *Dido* und die Komödie *Neues Freiheitssystem oder Die Verschwörung gegen die Liebe* (1798): In diesen Stücken drückte sie dichterisch ihre Enttäuschung über den Verlust Goethes als Freund nach seiner Rückkehr aus Italien 1788 aus (dabei spielte seine in ihren Augen unwürdige Beziehung zu Christiane Vulpius die Hauptrolle) und äußerte sich dezidiert gegen die Französische Revolution.

Im der Tat war Goethe nach der Italienreise nur noch einmal in Kochberg, gemeinsam mit Caroline Herder, Sophie von Schardt und Fritz von Stein, das war am 5. September 1788.

Caroline Herder schrieb darüber an ihren Mann: »Der schönste Himmel war's, kein Wölkchen den ganzen Tag; wir waren alle gleich heiter gestimmt … Lotte Lengefeld kam zuerst, uns zu empfangen, dann die Frau von Stein, die uns alle freundlich empfing, doch ihn (Goethe) ohne Herz. Das verstimmte ihn den ganzen Tag …«[86]

Attraktiv in Kochberg ist natürlich das heute weit über seine Grenzen bekannte kleine Liebhabertheater im Stil des Klassizismus. Charlottes Sohn Carl ließ es zwischen 1796 und 1799 durch Erweiterung und Umbau eines barocken Gartenhauses errichten. Mehr und mehr zogen hier weniger die Kübelpflanzen im Winter ein, als die Kochberger Liebhaber des Theaters, die Familie von Stein samt Freunden, Verwandten und Dienstboten. Auch Charlottes Stück wurde hier aufgeführt. Heute ist es eines der wenigen im Originalzustand erhaltenen klassizistischen Theater in Europa, und die Aufführungen hier sind der historischen Aufführungspraxis nach Goethes »Regeln für den Schauspieler« verpflichtet.

Ein Besuch in Kochberg wird idealerweise mit dem Besuch des sechs Hektar großen romantischen Landschafts-

---

86 Zit. nach Jürgen Förster, *Schloß Kochberg (Goethe-Gedenkstätte). Nationale Forschungs- und Gedenkstätten der Klassischen Deutschen Literatur in Weimar*, Weimar 1990, S. 34.

parks am Schloss abgerundet: Der Blumengarten, die Grotte, die künstliche Ruine sowie die originelle Wasseranlage mit dem runden Badeteich und dem Badhäuschen locken ebenso wie der alte Baumbestand.

# 50. DIE DORNBURGER SCHLÖSSER

Man erreicht die historischen Schlösser, die von einem ebenfalls historischen Gartenbezirk geziert sind, ausschließlich über den kleinen Ort Dornburg. Der Wanderer auf den Spuren Goethe'scher Lieblingsorte kann die westlich von Jena gelegenen Saaleperlen per pedes erreichen, etwa von Naumburg aus. Oder man reist mit dem Auto an.

Atemberaubend fand Goethe den Ausblick aus dem mittleren der drei Dornburger Schlösser, dem Rokokoschloss, auf die 100 Meter weiter unten still fließende Saale, wenngleich die Dornburger Schlösser damals baulich recht vernachlässigt waren und auch die heute so beeindruckenden Gartenanlagen nicht gepflegt wurden. Zwanzig, nach anderen Aussagen zweiundzwanzig Mal war er mit einer Kutsche bzw. in der Frühphase seiner Weimarer Zeit reitend nach Dornburg gekommen und hat 1828 eine sehr wichtige Lebens- und Schaffensphase hier im Renaissanceschloss verbracht.

Von der Saale aus am weitesten rechts steht das Alte Schloss auf den Fundamenten einer ottonischen Pfalz (urkundlich 937 unter Otto I. erwähnt), die auf einem Bergsporn in uneinnehmbarer Lage gegründet wurde. Die über diesen Fundamenten errichteten Gebäude stammen aus der Renaissance und der Spätbarockzeit. Die Gärten sind in mehreren Phasen seit dem 19. Jahrhundert rekonstruiert worden, immer im Versuch, die ursprüngliche Anmutung wiederherzustellen. Das Alte Schloss selbst wurde von dem berühm-

ten sächsischen Baumeister Nicol Gromann in der zweiten Hälfte des 16. Jahrhunderts errichtet.

Das Rokokoschloss wurde ebenso wie das Jagdschloss Belvedere von Herzog Ernst August nach dem Wiener Vorbild errichtet. Der Effekt, dem Goethe und alle, die bis heute als Besucher hierherkommen, erlagen, war geplant: Ebenerdig betritt man das kleine Schloss, aber nachdem man nur zwei Räume durchschritten hat, befindet man sich in schwindelnder Höhe 100 Meter über der Saale auf einer Terrasse. Solch ein Eindruck musste Goethes Herz höherschlagen lassen!

Zweiundzwanzig Bürgerhäuser hatte dieser Ahn seines Freunds und Fürsten Carl August niederlegen lassen, um ausreichenden Platz für sein Schloss zu haben. Damals war das dritte, das Renaissanceschloss, wie es heute heißt, noch gar nicht im Besitz der Herzöge von Sachsen-Weimar, sondern es war das Stohmann'sche Herrenhaus samt zugehörigem Rittergut. Von der von Ernst August geplanten Anlage seines Dornburger Belvederes wurde aber längst nicht alles gebaut, und das, was gebaut wurde, war teilweise bald schon wieder abrissreif. Nach seinem Tod fehlten die nötigen Finanzmittel, und dieser Zustand der klammen Kassen dauerte über Jahrzehnte an.

Goethe jedoch fand den Ort hoch über der Saale spektakulär schön, obgleich alles in schlechtem Zustand war. Am 16. Oktober 1776 zeichnete er eine Ansicht der Dornburger Schlösser von den Saalewiesen im Tal aus und schickte sie, versehen mit folgendem Vers auf der Rückseite, an Charlotte von Stein, die geliebte Frau:

*Ich bin eben nirgend geborgen*
*Fern an die holde Saale hier*
*Verfolgen mich manche Sorgen*
*Und meine Liebe zu dir.*[87]

In den folgenden Jahren kam Goethe immer wieder nach Dornburg, 1777, 1779 und 1782. Er traf hier seine Freunde, Schiller, Knebel, Zelter, und schreibt an Charlotte, dass der Platz des Rokokoschlösschens der schönste sei und gleichzeitig der böseste, steilste Felsen und dass er Herzog Ernst August für den Bau danke. Er konnte auch hervorragend in Dornburg arbeiten, an seiner *Iphigenie* (1779), an *Miedings Tod* (1782) sowie am *Egmont*.

Goethes persönliche Liebe zu dem wunderschönen Platz vermochte jedoch über Jahre nichts zum Besseren zu verändern, da Carl August andere Prioritäten in seiner Ausgabenpolitik hatte. Erst nach dem Wiener Kongress 1815 ließ der nunmehrige Großherzog das Rokokoschloss renovieren und einen Garten anlegen: In den doch relativ begrenzten Räumlichkeiten fand 1816 der erste konstitutionelle Landtag im Deutschen Reich, der des Großherzogtums, statt, auf dem die landständige Verfassung des Großherzogtums verabschiedet wurde.

Nun hatte auch Carl August Feuer für Dornburg gefan-

---

87  Johann Wolfgang von Goethe, Briefe an Charlotte von Stein, zit. nach (http://gutenberg.spiegel.de/buch/briefe-an-charlotte-stein-bd-1-3653/12)

gen. 1824 erwarb er das Stohmann'sche Haus. Das bisherige Burglehngut mit der Felsterrasse über dem Weinberg, das nun Goethes Aufenthaltsort wurde, ergänzt das Schlösserensemble prächtig. Der Großherzog ließ das Gebäude zwei Jahre später zu einem Wohnsitz für sich selbst umgestalten, was die Umgestaltung der Räume im neugotischen oder klassizistischen Stil bedeutete. Goethe residierte zumeist in der sogenannten Bergstube. Sie kann auch im Rahmen einer Schlossbesichtigung angeschaut werden.

1828, tief betroffen von Carl Augusts Tod, zog Goethe sich nach Dornburg zurück und verbrachte dort zehn Wochen allein in drei Räumen des Obergeschosses, im Schlafraum, im Essraum und in der erwähnten Bergstube, in der sich noch sein Schreibtisch befindet. Es entstanden in dieser Zeit zwei wunderschöne Dornburger Gedichte, *Dem aufgehenden Vollmonde* und dieses auf September 1828 datierte Gedicht:

*Früh wenn Tal, Gebirg und Garten*
*Nebelschleier sich enthüllen,*
*Und dem sehnlichsten Erwarten*
*Blumenkelche bunt sich füllen,*

*Wenn der Äther, Wolken tragend,*
*Mit dem klaren Tage streitet,*
*Und ein Ostwind, sie verjagend,*
*Blaue Sonnenbahn bereitet.*
*Dankst du dann, am Blick dich weidend,*

*Reiner Brust der Großen, Holden,*
*wird die Sonne, rötlich scheidend,*
*Rings den Horizont vergolden.*[88]

Er hat die Inschrift über der Tür des Renaissanceschlosses übersetzt und leitete seinen Kondolenzbrief an den Kammerherrn von Beulwitz mit dieser Übersetzung ein, bat gleichzeitig darum, seine Anteilnahme am Tode Carl Augusts an den Jungen Großherzog Carl Friedrich und seine Gemahlin Maria Pawlowna weiterzugeben. Carl August hatte über die Tür des von ihm erworbenen Schlösschen einmeißeln lassen:

Gaudeat igrediens, laetetur et aede recedens,
His qui praeter eunt det bona cuncta Deus. 1806.
(Freudig trete herein und froh entferne dich wieder!
Ziehst du als Wandrer vorbey, segne die Pfade dir Gott!)[89]

88  Goethe, *September 1828,* in: *Werke,* HA, Bd. 1 (Gedichte und Epen 1), S. 391.
89  Zitiert nach Effi Biedrzynski, *Goethes Weimar,* Zürich 1992, S. 52 f.

# SCHLUSSBEMERKUNG

Bei der Besichtigung der vielen Orte in Weimar und seiner Umgebung, die Goethe viel frequentiert, zumeist auch geschätzt oder geliebt hat, wird deutlich, wie vielseitig der Dichter war, wie stark auch seine naturwissenschaftlichen Interessen und administrativen Tätigkeiten sein Leben in Weimar prägten.

Doch wer glaubt, damit sei Goethes Leben erschöpfend behandelt, muss sich getäuscht sehen, denn an vielen anderen Orten, in vielen anderen Regionen und Ländern hat sich Goethe auf seinen Reisen wiederholt aufgehalten, da wäre zuerst die Main- und Rheingegend zu nennen, aus der er stammt und die er gerade im Alter oft aufgesucht hat, da ist das Fichtelgebirge und die gesamte Landschaft an der Saale inklusive der Stadt Jena, die über viele Jahre eine zweite (Arbeits-)Heimat für ihn darstellte, da sind der Harz, die böhmischen Bäder und nicht zuletzt Frankreich und Italien. All den dort von ihm aufgesuchten Orten nachzuspüren, wäre Gegenstand nicht nur einer, sondern mehrerer weiterer Veröffentlichungen.

# LITERATURVERZEICHNIS

PRIMÄRLITERATUR:

Johann Wolfgang Goethe, *Gedenkausgabe der Werke, Briefe und Gespräche*, hrsg. v. Ernst Beutler, Zürich und Stuttgart 1950-1971.

Johann Wolfgang von Goethe, *Goethes Werke*. Herausgegeben im Auftrage der Großherzogin Sophie von Sachsen, 143 Bände, Weimar 1887-1919 (abgekürzt: WA).

Johann Wolfgang Goethe, *Sämtliche Werke. Briefe, Tagebücher und Gespräche,* hrsg. v. Friedmar Apel u. a., 1985-2013 (Frankfurter Ausgabe, abgekürzt: FA).

Johann Wolfgang Goethe, *Liebesgedichte,* Berlin 2017.

Johann Wolfgang Goethe, *Werke*, München 1981 (Hamburger Ausgabe in 14 Bänden, abgekürzt: HA).

Johann Wolfgang Goethe, *Sämtliche Werke nach Epochen seines Schaffens,* hrsg. v. Karl Richter in Zs.-Arb. mit Herbert G. Göpfert, München 2006 (Münchner Ausgabe, abgekürzt: MA).

*Der Briefwechsel zwischen Schiller und Goethe*, hrsg. v. Emil Staiger, Frankfurt am Main 1977.

SEKUNDÄRLITERATUR:

Dorothee Ahrend und Gertraud Aepfler, *Goethes Gärten in Weimar*, Leipzig 1994 (4. Aufl. 2009).

Effi Biedrzynski, *Goethes Weimar*, Zürich 1992.

Heinrich Bock (Hrsg.), *Wieland-Lesebuch*, Frankfurt am Main 1983.

Friederike Bornhak, *Anna Amalia, Herzogin von Sachsen-Weimar-Eisenach, die Begründerin der klassischen Zeit Weimars*, Berlin 1892.

Tabea Dörfelt-Mathey u. a. (Hrsg.), *Christoph Martin Wieland: Ich bin und bleibe ... Ihr ganz eigener Wieland*, Weimar 2014.

Johann Peter Eckermann, *Gespräche mit Goethe in den letzten Jahren seines Lebens*, 2 Bde., Frankfurt am Main 1981.

Johann Peter Eckermann, *Gespräche mit Goethe* (Vollst. Text nach dem 24. Bd. der Gedenkausgabe der Werke, Briefe und Gespräche J. W. Goethes im Artemis Verlag, 3. Aufl. Zürich 1976), München 1999.

Jürgen Förster, *Schloß Kochberg (Goethe-Gedenkstätte). Nationale Forschungs- und Gedenkstätten der Klassischen Deutschen Literatur in Weimar*, Weimar 1990.

Etienne François und Hagen Schulze, *Deutsche Erinnerungsorte 1-3*, München 2003 (Sonderausgabe).

Richard Friedenthal, *Goethe – Sein Leben und seine Zeit*, Frankfurt, Berlin, Wien 1978.

Friedrich Heinrich Jacobi, *Briefwechsel*, begr. von Michael Brüggen, Stuttgart-Bad Cannstadt 1935 ff.

Ettore Ghibellino, *J. W. Goethe und Anna Amalia. Eine verbotene Liebe*, Weimar 2003.

Hans Gerhard Gräf, *Goethes Ehe in Briefen. Der Briefwechsel zwischen Goethe und Christiane Vulpius 1792-1816*, Frankfurt am Main 1994.

Friedhelm Kemp (Hrsg.), *Goethe: Leben und Welt in Briefen*, München 1978.

Elise von Keudell, *Goethe als Benutzer der Weimarer Bibliothek*, Weimar 1931.

Fritz Kühnlenz, *Erlebtes Weimar*, Rudolstadt, 2. Auflage 1968.

Alexander Löck und Dirk Oschmann (Hrsg.), *Literatur und Lebenswelt*, Wien, Köln, Weimar 2012.

Ludger Lütkehaus (Hrsg.), *Die Schopenhauers. Der Familien-Briefwechsel von Adele, Arthur, Heinrich Floris und Johanna Schopenhauer*, Zürich 1991.

Karl Frhr. v. Lyncker, *Am weimarischen Hofe unter Amalien und Karl August*, hrsg. v. Marie Scheller, Berlin 1912.

Susanne Müller-Wolff, *Ein Landschaftsgarten im Ilmtal: Die Geschichte des herzoglichen Parks in Weimar*, Köln, Weimar, Wien 2007.

Pierre Nora, *Les lieux de mémoire 1-3*, Paris 1997.

Christel Ringert, *Herder in Weimar*, Bucha bei Jena 2003.

Joseph Rückert, *Bemerkungen über Weimar 1799*, hrsg. v. Eberhard Haufe, Weimar 1969.

Adelheid von Schorn, *Das nachklassische Weimar*, 2 Bände, Weimar 1912.

Stiftung Weimarer Klassik (Hrsg.), *Die Wandbilder Adam Friedrich Oesers im Roten Turm von Belvedere*, Weimar 1999.

*Vorträge der Geisteswissenschaftlichen Klasse 2014-16 (Klassensitzungsvorträge 2014-2015)*, hrsg. v. Meinolf Vielberg, Erfurt 2017.

*Weimar-Jena: Die große Stadt — das kulturhistorische Archiv* (2010-2016).

Christoph Martin Wieland, *Gesammelte Schriften*, Berlin 1909 ff.

http://gutenberg.spiegel.de/buch/briefe-an-charlotte-stein-bd-1-3653 / 12

http://www.landwirtschaftsmuseum-schleswig-holstein.de/rosen/tapetenrose.htm

## ABBILDUNGSNACHWEIS